日の宮・幣立神宮表参道

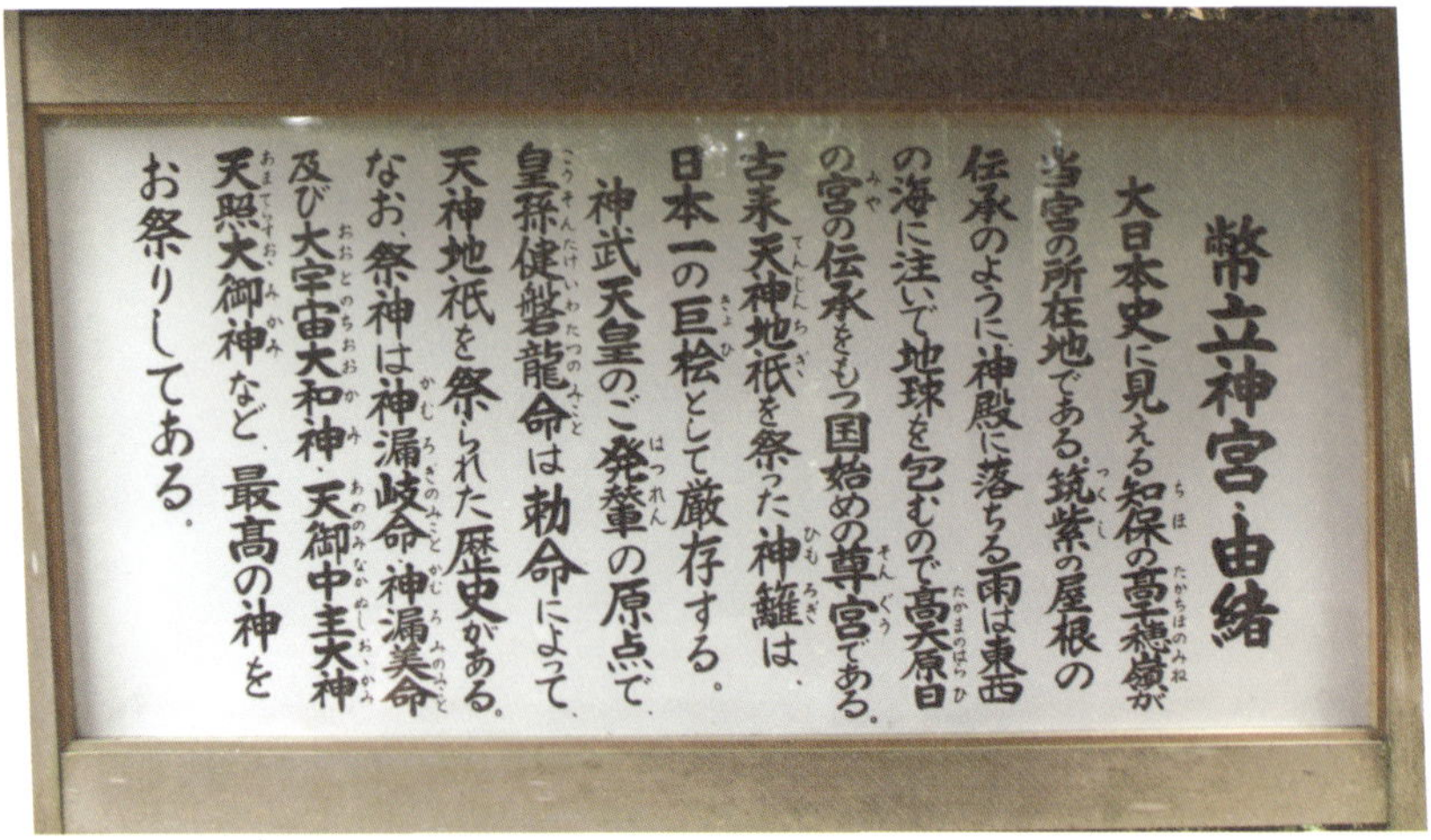
幣立神宮・由緒
大日本史に見える知保《ちほ》の高千穂嶺《たかちほのみね》が
当宮の所在地である。筑紫《つくし》の屋根の
伝承のように、神殿に落ちる雨は東西
の海に注いで地球を包むので高天原日《たかまのはらひ》
の宮《みや》の伝承をもつ国始めの尊宮《そんぐう》である。
古来天神地祇《てんじんちぎ》を祭った神籬《ひもろぎ》は、
日本一の巨桧《きょひ》として厳存する。
神武天皇のご発輦《はつれん》の原点で、
皇孫健磐龍命《こうそんたけいわたつのみこと》は勅命によって、
天神地祇を祭られた歴史がある。
なお、祭神は神漏岐命《かむろぎのみこと》・神漏美命《かむろみのみこと》
及び大宇宙大和神《おおとのちおおかみ》・天御中主大神《あめのみなかぬしおおかみ》
天照大御神《あまてらすおおみかみ》など、最高の神を
お祭りしてある。

幣立神宮

高天原
この景観のように
大きな志しをもって
歩きだしましょう
（立志柱）

天照大神様が天岩戸より、ここを通ってお還りになったところ
高天原
この景観のように
大きな志しをもって
歩きだしましょう
（立志柱）

伊勢の内宮

天神木の「首ッ玉」
日の宮の天神木は、悠久一万五千年の
命脈を保っている世界一の巨桧です。
この根に立った十代目が崇神の世で、
九代目が天照の世の鏡コブが見えま
す。そして十一代目が今の神木。この
三木に帰一してこそ世界平和があり
ます。

伊勢の外宮

天神木の「高千穂」
日の宮のシンボルとなって天
神木の頂点に立っていたこの「高
千穂」が、九月二十七日の全国的
超台風で、この姿に一変したこと
は、終戦時の枕崎台風と同様に
日本の変り目の維新の現れでしょ
う。どうか拝んで下さい

右の説明書き

天神木の「高千穂」

日の宮のシンボルとなって、天神木の頂点に立っていたこの「高千穂」が、九月二十七日の全国的超台風で、この姿に一変したことは、終戦時の枕崎台風と同様に日本の変り目の維新の現れでしょう。どうか拝んで下さい。

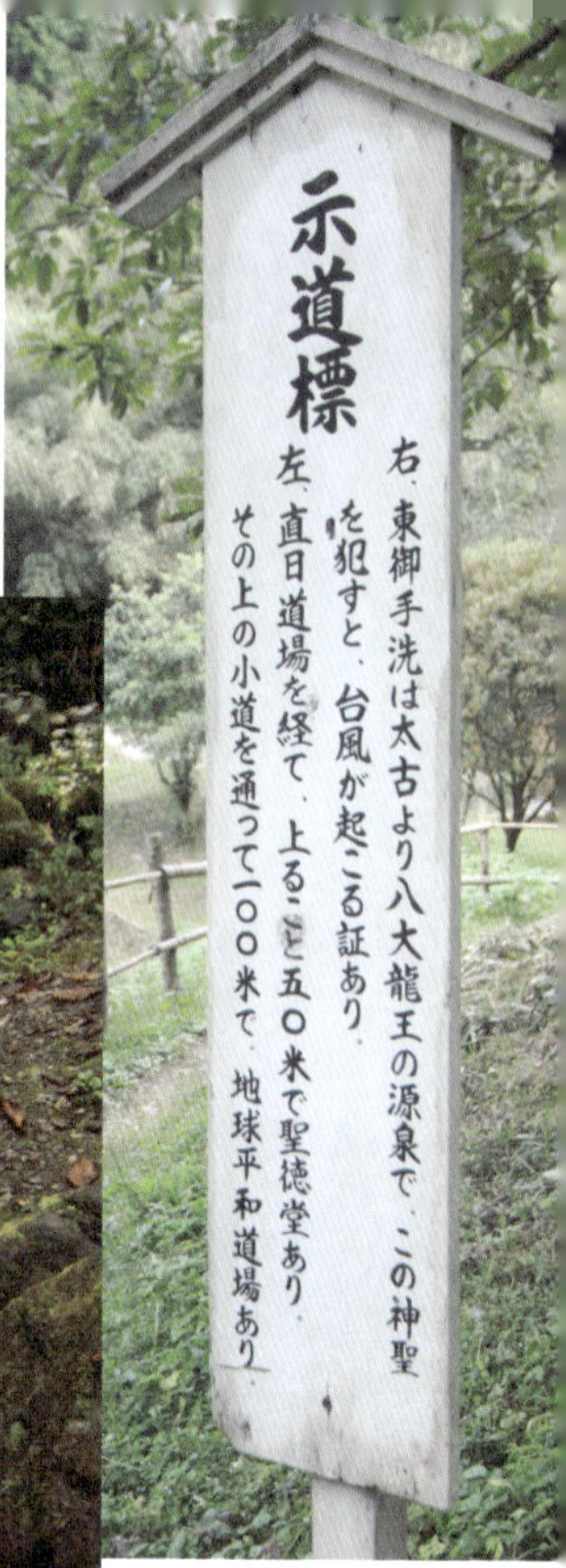
示道標
右、東御手洗は太古より八大龍王の源泉で、この神聖
を犯すと、台風が起こる証あり
左、直日道場を経て、上ること五〇米で聖徳堂あり
その上の小道を通って一〇〇米で、地球平和道場あり

御案内
東御手洗
神代の昔、皇孫瓊々杵《ににぎ》尊は、この神水で全国の
主要地を浄《きよ》められ、中国の始皇帝《しこうてい》は、不老不死
の霊薬をこの神水に求められました。更に沖縄
の本土復帰や、両陛下のご渡米には、先駆の浄《きよ》
め役となり。次いで昭和五十五年三月十五日に
、李玖殿下が、この水をお持ち帰られたので、
翌年六月二十一日は金剛山の石笛が神納せられ
、ソウル五輪の産婆役となりました。
下り右へ二〇〇米ル

聖徳堂

西水神宮

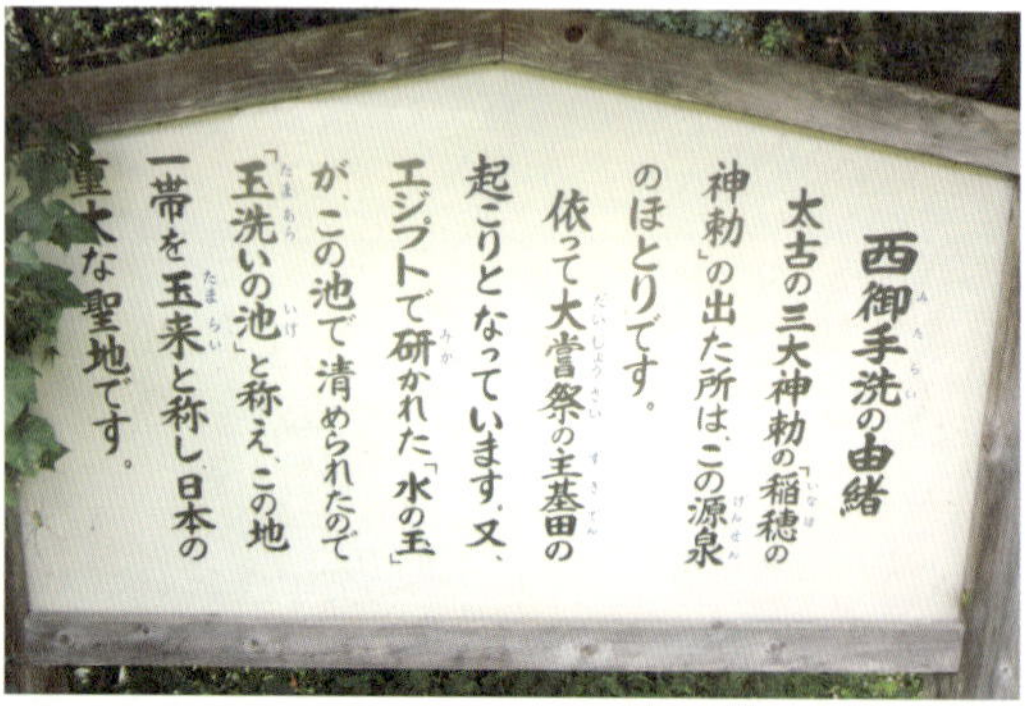
西御手洗《みたらい》の由緒
太古の三大神勅の「稲穂《いなほ》の
神勅」の出た所は、この源泉《げんせん》
のほとりです。
依って大嘗祭《だいじょうさい》の主基田《すきでん》の
起こりとなっています。又、
エジプトで研《みか》かれた「水の玉」
が、この池で清められたので
「玉洗《たまあら》いの池《いけ》」と称え、この地
一帯を玉来《たまらい》と称し、日本の
重大な聖地です。

双子杉

馬見橋の夫婦岩（「青年地球誕生」第一集 P.94参照）

五色人の面・左から２つ目がモーゼの神面

火の柱となって神力を表した「水の玉」
（「青年地球誕生」第一集 P.310参照）

青年地球誕生

～いま甦る幣立神宮～

第二集

春木伸哉

明窓出版

東日本大震災で被災された方々に、心よりお見舞い申し上げます。

大きな被害がもたらされましたが、この時より、大和精神が甦ったと思います。

たいへんな辛苦の中に、素晴らしい日本人の姿を目の当たりにしました。まさに日本人の生き方、大和民族のあるべき姿を見せていただきました。深く感謝いたします。

青年地球誕生　第二集　目次

大和民族の故郷と五色人

天孫降臨の地より

春木宮司にお尋ねする私たちが知りたいこと

大和民族の故郷と五色人

＊この章は、「情報誌INTUITION」（代表執筆主幹　澤野大樹氏 www.intuition.jp）主催のセミナーが基になっています。

分水嶺に立つ幣立神宮

私が宮司を勤めております幣立神宮は、まさに九州の真ん中にあります。御神殿の前の方に落ちた雨は、西の方に流れていきます。後の方に落ちた雨は、東の方に流れていきます。そういう分水嶺《ぶんすいれい》にお宮が建っているのです。

その分水嶺の真ん中に立っているのが、樹齢一万五千年と言われている御神木です。今から百三年前に、御神木の近くに種が落ちて芽が出て成長している樹がありますが、まだ直径が十センチ足らずです。百年以上経ってもまだその程度なのですから、この御神木がどれほど樹齢が長いか、見ていただければご想像いただけることでしょう。

以前、天皇陛下が育てていらっしゃる盆栽が室町時代からあるものと聞きましたがまだ私が手で握れるほどの太さです。でも、成育条件が良い場所に置けば、直径二メートルを超える大きさになるでしょう。

ですから、大きさで物事を考えるのは正しくありません。人間は歳をとると、皮膚がガサガサになるでしょう。若い時はきれいなのです。樹も同じで、若い樹はつるりとしてきれいなんです。怪我をしてもまた、新しく芽が出てくるのです。しかし歳をとると、怪我をしても芽が出なくなり、皮もガサガサしてきます。

しかし、樹は歳をとってガサガサしているのもまた、カッコイイと言われます。人間は、やはり若い時の方がきれいと言われますね。

私たちは色んなことを思い込みで考えることが多く、なんでも新しいもの、若いものの方が良いと思いがちですが、樹は歳をとった方がきれいですごくカッコイイのです。

十七日の祈願祭

さて、私はほとんどの時間をお宮で過ごしているのですが、お宮にお参りされる方と、私が感じたことを中心に、大和民族の故郷、そして、五色人についてお話いたします。

毎年、十七日という日にお参りにこられる方がいらっしゃいます。

十七日を選ばれた理由は、神戸の地震が十七日に起こったからだそうです。この十七日は、先代宮司の体験もあるのです。その体験の基になったのが昭和十六年五月五日ことですが、昭和十六年と言いますと、ちょうど大東亜戦争が勃発する直前です。その時に、神様から御神示がありました。

それは、日支結合しなければ、日本は焼け野原になるということでした。そこで、宮司は昭和十六年の五月五日に、日華和平の祈願祭を行ったのです。当時は戦争が迫っていましたので、そういう祈願祭をすることは非国民とされました。

その年の十二月四日に大東亜戦争が勃発し、パールハーバー攻撃があったのです。日本は、戦争拡大の方向にどんどん追い詰められている真っ最中でした。

そんな折りに、日華和平の祈願祭をするということですからね。先代宮司の話では、その時に書いた文章は全部、警察に没収されたということです。

しかし、それをやらなければ日本は必ず駄目になるということでしたから、有志数名で祈願祭をしました。

それでも、時の流れを止めることはできず、大東亜戦争が始まってしまったのですが、いよいよ戦局が押し迫ってきた昭和二十年に、陸軍中将で文部大臣をされていた二宮治重という方が、祈願祭をしたことをお知りになって、昭和二十年の元旦付けで起請文を奉納されたのです。

日の宮御神前献書というその起請文の内容は、次のようでした。

一、世界大和具現の前提は、大東亜建設にあり。大東亜建設完遂の基礎は日支の結合にあり。

一、日支結合の為には、両国国民相互の姿勢、交友信頼を気根とし、これが為には、我が朝国の大精神を支那国民に理解徹底せしむることを肝要とす。

これについて、一月十七日に奉納祭をしたのです。

当時は支那（今の中国）を征服して支配することの必要性を説いた人が多かったのですが、この方は交友や信頼による結合が大事だと説かれました。

そして、二宮文部大臣は、一か月後の二月十七日に他界されました。その式典の責任者の先代宮司は、翌月の三月十七日に南京に出征するのです。

その後、平成十一年二月十七日に九十七歳で没しました。

宮司は一枚の板に墨で書いて記録し、お宮に残していきましたので、そういうことがよく解かります。

先ほどの社長さんは、そうしたことを知っていらっしゃり、十七日は非常に大事な日だということで、年に二回、十七日に祈願祭をなさるのです。

同床鏡殿《どうしょうきょうでん》の御神勅

さて、先代宮司と私は親子でも、普通の親子関係よりも上下関係がはっきりしていました。当然、先代宮司と私では私の方が下です。だから、家族ならではの馴れ合いはありませんでした。

その宮司が、亡くなるちょうど一月前に、私のところにやってきたのです。その頃には、昼と夜の区別がなくなっていて、夜中の二時頃起きてきて、コトンコトンと音がするから何だろうと思っていると、「仲哉さん、昼飯食おうか」というのですね。昼夜逆転していました。

そんな折り、ある晩は、

「あのね、大宇宙大和神様が、世界の八百万の神々をこの幣立神宮に集められとるバイ」

とそれだけ言うと、「じゃあ」と言って戻ってしまいました。

没した年の一月二十九日夜八時頃には、こんなことを言っていました。

「仲哉さん、天神カムロギの命、アジア大陸、アメリカ大陸のいずれに天降っても、地球のバランスを崩す。この地球を眺めて、その中心を九州の日の宮、幣立神宮に決められた。

だから、幣立神宮は地球のヘソです。

人類最古の人格神が大宇宙大和神で、カムロギ、カムロミの命が幣立神宮に御降臨になって大宇宙大和神の神様の御霊をいただき、この幣立神宮に御仕えになってカミロギ（伊耶那岐尊《いざなぎのみこと》の幼名）の命をお守りになった」

そしてまた、「じゃあ」と戻られたのです。

宮司はずっと寝ているのですが、時々、何かが閃《ひらめ》くようなのです。それを私のところに来て話すので、私は全部メモしていました。

そして、一月三十一日夜九時に、宮司に同床鏡殿《どうしょうきょうでん》の神勅がありました。天孫降臨の際に、天照大神様がニニギノ尊様に鏡を渡され、この鏡を子々孫々に至るまでお祀りしなさいとおっしゃったのですが、同じ床に鏡を祀ることを同床鏡殿といいます。

この同床鏡殿の神勅の真実ですが、これは由緒に関わるのでとても重要なことです。日の宮から御鏡をいただかれたとされているのですが、本当は、その鏡は日の宮のものを持ち出されたのではないです。なぜかと言いますと、日の宮の絶対性から言えば、その鏡は幣立神宮に残しておかなければならないので、天照大神様が直接、ご自身のものをお渡しになったのです。

伊勢神宮の起源は二千年前で、崇神天皇の二十五年の統治の頃、紀元前四年ということです。この天皇様の時に皇居から別のところにお祀りになり、これが後に伊勢の地に場所を移されたのが始まりなのです。天皇様にすれば、いつも御鏡を持っているのは恐れ多いというお気持ちから、伊勢の地にお祀りされたということなのです。

先代宮司はこうした話をしてから、

「解ったね、これだけは言っておくから。じゃあ」

といって戻られました。私と話したのは、それが最後でした。

私には子供が三人いますが、二月十三日に長女が夢の中で、おばあちゃんに帰って来いと言われたそうです。そして妹と弟に、帰りなさいというメールを出して帰ってきました。私たちが、なぜ帰ってきたのかと聞いたら、おばちゃんに帰って来いと言われたと言うのです。そのおばあちゃんは、五年前に亡くなっているんですね。

十三日の夜から十四日の朝にかけて帰って来たのですが、私の父である先代の宮司は、孫である三人に一人ずつ、「後は貴方たちに任せるね」と声をかけたのです。そして、日の霊、水の霊、天地和合、万物和合とお祈りしていました。声はほとんど聞こえなかったのですが、そのまま三日間眠った後に亡くなりました。

先代宮司は、日の宮をお守りするために生まれて、日の宮のすべてを私に伝えてから他界したのです。先代宮司が亡くなる前の一ヶ月間に話したことは、みんな幣立神宮の由緒に繋がっていることでした。

そして、そんなことは無いだろうということが、現実に存在するのです。頭の中で考えたら、絶対に解らないだろうということがたくさんあるのですね。

五色人祭は世界の祭

例えば、これも由緒に関わることですが、ジュディス・カーペンターさんという方がいらっしゃいます。拙著、「青年地球誕生」（明窓出版刊）にも詳しいことが書かれていますが、ジュディスさんは十年以上前に幣立神宮に何度も来られ、次のようにおっしゃっていました。

「私は十歳の頃、夢を見ました。世界のあるところに五色人が集まって、セレモニーをするんです。セレモニーをすることでみんな知り合って心を通わせ、またそれぞれの国に帰って行くんです。このセレモニーをした場所を探し出してお祈りをしたいと思いました」

そしてジュディスさんは、その場所を探して世界中を旅するのですが、十年前に日本に来て、最初は東京で、どうもこの国のような気がすると話をしたそうです。でも、誰からもそれに応えるような言葉がなかったのです。

次に、福岡に行ってその話をしたそうです。すると、いろんな人があそこではないか、ここではないかとアイディアを出したそうですが、イメージと違っていたというのです。

そこで、一人の女性が幣立神宮のことを話しました。その時、ピンときたジュディスさんは、次の日に幣立神宮にやってきたのです。

そして、鳥居の下に立った時、子供の頃に見たビジョンとまったく同じだったので「ここだ！」と確信したそうです。

鳥居をくぐって百五十段ある石段を登って来たのですが、上の方にもう一つ鳥居があり、それをくぐる時に、鳥の羽根が落ちてきました。私たち神官にとって鳥の羽根は特別な意味はないのですが、ジュディスさんには神様との関わりとして特別な意味があるそうです。

それ以来、彼女は幣立神宮で五色人祭がある度に、必ずオーストラリアからやってきます。

五色人祭は、二つあります。一つは五年毎に行う大祭で、その大祭と大祭の間に小祭が毎年あります。五色人祭は古くから行っていましたが、以前は神主たちだけでやっていました。

それが、ジュディスさんが来た時に、じゃあ、今度の五色人祭に参列しませんか、ということでご招待したのですね。そのことが世間に広がり、それから五色人祭は日本だけではなく、世界的にも知られるようになったのです。

十年くらい前には、相良寿一さんという方がやってきました。ご存じの方もいらっしゃるかもしれませんが、アントニオ猪木さんのお兄さんです。南米、ブラジルの方で空手協会の会長など、いろんなことをなさっています。

ブラジルは、世界中の人たちが集まっている五色人の国ですが、五色人の国だから五色人のお祭りを開いているそうです。そして、五色人の故郷が幣立神宮であることを知り、御祈願、ご挨拶をしにいらっしゃったのです。

他にも、ブラジルのサンパウロから、九十歳を超えた平藤敬二さんという方がいらっしゃいました。平成十三年八月二十三日の五色人祭の時です。

その日、平藤さんがこうおっしゃたのです。

「ブラジルで今日のように五色人が対等の立場で暮らせるようになったのは、ひとえに白人の植民地支配対日本の自尊独立の大東亜戦争を戦い貫いた、靖国の御霊のおかげです。

この靖国の御霊にお礼を申しあげたかったのにそれが叶わず、無念の思いで他界したものは多数です。今年は日本の総理が靖国に参拝いただけるということで、百六十五柱の御霊と共に、代表して靖国にお礼にまいりました」

さらに、ご挨拶をいただきました。

「五色人の原点が幣立神宮ということですので、この神宮は我々の地球の源です。そこで、ここから世界人類の和合を祈念したいと思い、参拝致しました。

日本は人類和合の原点である。

蘇れ！　日本」

ご高齢でかなり足が弱っておられて心配しましたが、どうしても靖国と幣立をお参りしなければならない、ということでおいでくださったのです。

日本の建国とは

こうした方々もいらっしゃるのですが、ほとんどの日本人が日本の歴史や原点を知らないので、世界の中でも何となく流されるままになっていることが多いようです。

例えば、日本人が外国に拉致されていても、なかなか解決できない。また、よその国から靖国神社参拝についていろいろと意見されても、きちんと反論できないでいます。

また、二月十一日は日本の建国記念の日ですが、なぜ建国記念日といわず、建国記念の日となっているか分かりますか？

それは、日本が建国をした日にちははっきりしていない、建国がなかったと言っている人たちがいるからです。

それで、戦前は二月十一日を紀元節と言っていましたので、それを建国を記念する日にしましょうということになったのです。半年間議論して、建国記念日ではなく、建国記念の日になりました。

そしてこの、日本の建国日がはっきりしないということを、これ幸いと思った人たちがいるのです。平成十一年、先代の宮司が亡くなった年に、あるところに高天原ができました。その場所は、なんと韓国なのです。

日本人は「高天原」を歴史として扱わず、なんとなく漠然としたものとして扱ってきました。そこで、日本が高天原についてはっきりさせないのなら、韓国でいただきましょうということになってしまったのですね。

韓国の高麗村という所に五万坪もの土地を拓いて、高天原という場所を作りました。高千穂大学の教授であった名越二荒之助さんという方がそこを調べ、文章を発表しています。

そこには、高天原の神の系図というのが大きな石に書いてあるそうです。朝鮮民族のイザナギ、イザナミの尊がいて、その子供に天照大神がいて、その末裔にニニギの命がいて、その人が日本を創るために派遣されたというような文章もあるとのことで、書かれている人物たちは「日本書紀」の内容と一致しているそうです。


なぜ、そんなことになったかというと、日本の政府が「高天原」を歴史としてきちんと扱っていないからですね。日本には建国記念の日がありますが、他方、この日について反対する人たちがいます。反対勢力というのはいつも勢いがあるので、政府は遠慮して建国ということを表に出さないで、「この国を創った遠い祖先に思いをいたし……」というような漠然とした表現をしているわけです。

例えば、日本の建国の祖、神武天皇を認めている人は、大学の先生にもいません。そして、今の中学校の教科書には、神武天皇のことが書いてありません。数年前に教科書問題が起きましたが、問題になった扶桑社の教科書には、神話が一箇所入っていたのです。

天岩戸にお隠れになっていた天照大神を他の神々がお迎えに行った時のことを書いたら事実と違うとか、アメノウズメの尊の舞について、裸で踊ったというういやらしいことを書くとは何ごとかということで、あの教科書は潰されました。

でも、だいたいの人はあの教科書を読んでいません。読まないで、新聞やテレビで言われていることを本当だと思い込んでいるのです。マスコミに洗脳されているのですね。

私はすぐにその教科書を百冊買って、近くの若い方たちと読書会をしました。すると、その若者たちが、「学校に行っている頃は、歴史はただの暗記ものでちっとも面白くなかった。でも、この教科書は面白く読める、頭に入ってくる」というんです。

それは、日露戦争にしても大東亜戦争にしても、戦争が起こるまでの過程が実に丁寧に書いてあるからです。戦争で、一方的に片方が片方を攻撃したというのは、今から二百年ぐらい前の話です。その頃は、富を求めて略奪するために戦いに行っていました。植民地を作ったり、いわゆる侵略戦争ですね。

しかし、日本が軍隊を作って世界に飛び出すきっかけになったのは、アメリカが日本を否応なしに、無理矢理こじ開けたからです。今から約百五十年前に黒船がやってきたからですね。それまでの長い間、江戸時代は日本は他所の国と戦争をする必要がなかったから平和でした。ですから、軍隊は無かったのです。お侍さんはいたけど、軍隊は無かった。外国と戦えるような準備がありませんから、アメリカに赤子の手をひねるようにやられました。

しかし、日本はこのままではいかんといろいろと準備をし、その二十七年後には大きな戦争をします。

それが、日清戦争です。世界中が勝つはずがないと言っていた日本が勝つのです。そして、その十年後の明治三十七年に日露戦争がおきます。この勝利は、日清戦争以上に世界中、特に西欧社会に衝撃を与えました。近代に入ってから有色人種が白人に初めて勝利したからです。

先述の平藤さんは、そのことを言いたかったのです。

「日本人が世界に出て、白人と力を合わせて暮らすことができる社会になって、いろんな人種が共に暮らせるようになったのは、みな、日本が立ち上がり、日本人の先祖が血を流したからです。

その苦しみの中で積み上げた結果が、今のブラジルです。だから、私たちは靖国の御霊に感謝するのです。そして、人々の繋がりの源である、幣立神宮にお参りするのです」ということなのです。

話を戻しますが、建国記念の日でもある紀元節に、幣立神宮ではずっと式典をしています。なぜかというと、紀元節は、神武天皇が大和の橿《かし》原で御即位された正月元旦をいうからです。

この正月元旦は太陽暦では二月十一日になるので、明治時代に日本の紀元を数え始めた日として祝日にしました。それが、紀元節というわけです。

それなのに、日本では神武天皇の歴史を非科学的といって教科書に掲載させないのです。西暦にはB・Cがありますが、日本ではそれを紀元前と言っていますね。

でも、B・Cというのは紀元前という意味ではありません。日本の誰かがそう訳しただけで、B・Cとはビフォー・クリスト、キリストの生誕以前ということですね。西欧のキリスト歴を、我が国では西暦と訳したのですが、まったく違う意味になります。

日本人は訳がうまいのですが、日本で聖書を英語で読む人は少なく、日本語に訳したものを読む人が多いでしょう。それが、すごく美しい文章で書いてあるのです。特に、明治の訳者が素晴らしいです。

私は英語は読めませんので、原文ではあんなに美しい文章なのかは分かりませんが、日本語にすると、素晴らしく美しいのですね。

例えば、クリスマスの時に、「サイレントナイト」と歌っていますね。日本ではその、「サイレントナイト（静かな夜）」を直訳しないで、「清し、この夜」と歌っています。このように、明治の人はすごく表現がうまかったのです。

日本人とはこのように、美しい言葉で表現して元のものと違ったもののようにすることがあります。

日本語を外国語に訳す時は、細心の注意を払わないと誤解されることがたくさんあります。外国語を日本語にしたら、その日本語を外国語にする時に元の言葉に還さないと、違う意味に変換されてしまうようなことがよくあります。最初の外国語から、内容が変わってしまうのです。

天孫降臨の地、高天原

そして、日本人は日本のことをきちんと知らないと、国の根本を誤ってしまいます。紀元節も、建国の高天原も、はっきりさせていく必要があるのです。そうしなければ、韓国に高天原ができてしまうわけです。日本が曖昧にしているのも悪いのですね。日本人の学者が七十人も韓国の高天原に行って、「万歳、万歳」と言っていたそうです。名越先生がそのことを書いておられますが、たぶん、心は寒々としていたと思います。

今回のテーマである、大和民族の故郷というのは、厳然と存在するのです。その存在を曖昧にすると、どこから足下をすくわれるか分かりません。

例えば、「天孫降臨」というと、ほとんどの方はそれは神話で歴史ではないと思っているでしょう。そう思い込まされていますからね。

天孫は、高天原より天降《あまくだ》ったわけですが、「天降り」という本来の意味も理解されていないのです。ある人は、雲の上に神様を描いて、そこから降りて来たから雲の上が高天原だとか、他の人は海の向こうを高天原だと言ったり、常世の国だと言ったりしています。そのように、みんなが曖昧にしているのです。

天降りというのは、今もありますね。少し昔の天降りとは、天皇に近い皇族とか、貴族が地方においでになることでした。天降りしていただくことで地方が活性化し、治安も安定するので天降りは歓迎されていました。

今はなぜ天降りを歓迎しないかというと、天降りをする人の目的が本来の天降りの目的と変わってしまったからです。昔は、官僚の天降りも、地方にとっては大事でした。そういう方に来ていただくことで、政治が安定し、経済が活性化したからです。そのために地方に来ていただいたのです。

それがいつの間にか、天降りは悪い意味を持つようになってしまったのですが、本当は天降りは有り難いことだったのですね。
　そこで、左の資料を見てください。これは、幣立神宮の石盤に書かれている文字です。

　大昔はこの石盤に墨をつけて拓本を採り、お守りなどにしたようですが、こうした古代文字が書いてあるのです。今は石刻文字の研究が進んでいますから、読める方もたくさんいると思います。
　これは「ア、ソ、ヒ、ノ、オ、オ、カ、ミ」と読みます。この解釈も人によって違うと思いますが、私はこう解釈しています。
「ア」というのは、丸は日の神、横棒が大地で、日の神が大地に降りられたということですが、これを天神の降臨といいます。この天神を、一般的にいう天神と混同しないようにしてください。よく知られている天神様とは、菅原道真ですね。菅原道真は、素晴らしい天神様の御霊をいただかれたので天神様というのです。この、御霊をいただくということが大事です。「ア」は天神が大地に降臨されたということ。

次の「ソ」のへのような形の部分は、土地や山などの場所を表わします。その下の部分は、木が大地に立っている様子です。ですから私は、幣立神宮の御神木をイメージしています。

次の「ヒ」は、大地に立っている木に、日の神様がお宿りになったということです。

「ノ」は、日が登る時に、神様の御霊が肉体を持った人に分け御霊としてお宿りになりました。

「オ」は神様が大地に立ったところで、次の「オ」はその大地に立った神が山に行って、神々をお守りになるということです。

「カ」「ミ」は、日が沈む頃、神様がお宮に帰り鎮まられてからお休みになるということと思っています。

まとめると、天界から天神様が御降臨になって、小高い木の梢にお鎮まりになった。その方が人に御霊を移した。その御霊をいただいた方が山に登って神をお守りしていく、と解釈したのです。

こう解釈すると、先代の宮司が、

「カムロギ、カムロミの命が幣立神宮に御降臨になって大宇宙大和神の神様の御霊をいただき、この幣立神宮に御仕えになってカミロギの命をお守りになった」

と私に言ったことと一致するでしょう。

その天神の神様が御降臨になったところが、高天原なのです。そして代々、神様をお守りしていくのですが、そのお守りしていた方々が高天原の神様として、「古事記」に記録されています。

その一人が、天御中主大神《あめのみなかぬしのみこと》です。高天原においでになって、姿を御隠しになったと書いてあるのですが、これを姿が見えないと解釈してはいけません。

例えば、天皇陛下が皇居から姿を現わさないことが、姿を御隠しになったということなのです。皇室の方々が一定期間、公務をお休みされることがありますが、そういうことを私たちの先祖は、そうした言葉で表わしたわけです。

常世の国

その神代文字ですが、平成六年の六月六日、朝の六時六分に東京から御参りする方が来たのです。その方が、門外不出という一枚の紙を見て下さいと持参され、意味を解釈してほしいとおっしゃいました。

私はその頃はまだ古代文字を研究していなかったので、皆目、見当がつきませんでした。でも今は、古代文字を解読した本がわりと出ているので、少し勉強をすればすぐに解るそうです。

大きめの用紙にびっしりと書いてあり、それは九神家の文書の中の天皇の系図ということでしたが、その時は解らなかったので、一時預かることにしました。なにしろ門外不出な大切な系図に対してインチキはできないので、必要なところは写させていただいて、勉強させてもらいました。

内容は、まず右の方から「トコヨノクニイロヒトノオホオヤネノカミ」と書いてあるのです。これに漢字を当てはめると、「常世の国、色人の大尾屋根の神」となります。

常世の国についてはいろいろと言われていますが、一つは高天原です。もう一つは海の彼方の遠い所、もう一つは苦しみも悩みも一切ない、仏教的にいうと極楽ということですね。

このように、常世の国を海の彼方の遠い所と解釈していた時代もありますから、ある学者は、高天原は日本ではなく大陸ではないか、と言っているわけです。

そういうことを言った有名な人が二人いるのですが、困ったことですね。

一人は本を書かれていて、コメントに「私は高天原は大陸ではないかと思っている」というのがあったのです。韓国にとってはありがたいですよね。有名な学者がいうのですから。

もう一人は、神武天皇は大陸からやってきた騎馬民族で、その人が日本を創って初代の天皇になられたといっていました。

さて、常世の国ですが、その言葉には私たちの願いが込められているのです。色人とは、五色人のことですね。

次の「大尾屋根の神」とは、我田引水になりますが私にしか解らないのです。なぜかといいますと、先代が亡くなった時に、お葬式をしたりお墓を作ったりしましたが、その時に何か残しているものはないかと探しましたら、上幅紙にこういうことが書いてあったのです。

「大屋根の　皇大神を守らむと　小屋根の丘にわれは鎮まる」という歌でした。

幣立神宮の森のことを、大屋根といいます。そこにお祀りしてある皇大神を守ろうと、小屋根の丘に私は鎮まりますということです。幣立神宮には、お宮から一段下がったところに昔の神様といわれた人たちのお墓、御神稜があり、ここを小屋根の丘といいます。

私の家で御神稜として守っているのですが、じゃあそこが本当に昔の神様のお墓だという証拠が何かありますか、と時々聞かれます。

これについては、私たちは先祖代々この御神稜をお祀りして守ってきたのですが、ずっと守っているというそのこと自体が証拠なんです。文字に書いてあったり、それらしい物があることだけが証拠ではないのです。

先代の宮司は、小屋根の丘の近くに鎮まると言ったので、そこに鎮まっていただきました。

大屋根が幣立神宮の森、小屋根が御神稜のことです。

そこで、「常世の国、色人の大尾屋根の神」について、五色人をお祀りする大尾屋根の神の国が、常世の国であると解釈したのです。常世の国は、高天原です。

その文書の最初には、「天神人祖一神宮」とありました。天神とは、先述したように宇宙界から御降臨された神様で、大地に降りて木の梢にお宿りになったのですね。人祖というのは、その御霊を大宇宙大和神からいただかれて、幣立神宮をお守りになった方です。

この「人祖」を幣立神宮では、「大宇宙大和神」として祀ってあります。大宇宙なので宇宙の神様だと思われるでしょうが、宇宙から降臨された神様から御霊をいただかれて天神を最初に御祀りになったから、贈り名が大宇宙大和神になったのです。肉体をもっておられた方でした。

そのように肉体を持ち、御霊をいただいた人を「霊止《ひと》」というのです。霊が留まるということですね。一方、人間という言い方は社会的な表現です。

その後、幣立の山に登った「ひと」が、代々、大宇宙大和神を祀ってきました。その最高責任者が、日本では天皇として続いてきたのです。

大宇宙大和神や、その子孫の方々は、まだ常世の国の高天原においでになるのです。高い所においでになる方が、人々の役に立つことで初めて神様として祀られるのです。これが、天孫降臨となります。

天孫降臨は歴史的事実

天孫降臨については、「日向の国の風土記に曰く」という資料があります。

特に江戸時代から明治時代にかけて、天孫ということから、空の上から御降臨になるような絵が描かれていますので、それによってみなさんのイメージがそのように定着しているようですが、これは神話ではなく実話、歴史的事実なのです。

ニニギの尊は神武天皇のおじいさんであると、歴史的な系図にははっきりと示されています。そういう方が御降臨になった。御降臨とは高天原においでになった方が、私たちのところに天降りされた、肉体をもって現れたということです。

これは考古学的に検証されているのですが、ちょうど三千年ぐらい前に阿蘇山が大爆発しました。住人たちの生活は困窮し、塗炭の苦しみを味わいました。

そして、天照大神がおいでになっても、人々のために一つも良いことをしてくれない、と言ってみんなが天照大神を非難するのです。これが、「古事記」や「日本書紀」に書かれている、スサノオの乱暴な行為ということではないかと考えられます。

そこで天照大神は、非力だった自らを高めるために行をされるのです。これを「岩戸籠もり」といいました。このことが宮崎県、高千穂の天岩戸神社には書かれているのですが、この神社には、天照大神様は直接お祀りされていません。お祀りされているのは、天照大神になる前の、大日霊《オオヒルメ》の尊と書いてあります。西本宮にお祀りされて、そこで行をなさって幣立神宮にお帰りになるのです。このお帰りになった日（旧暦十一月八日）を記念して、お宮では巻天神祭というお祭りをします。

これは、神の御霊が外に出てしまうと不安定になりますから、天照大神の御霊を御神木の中にお鎮まりいただくというお祭りなのです。

天岩戸神社に再び入ると世の中が暗くなるので、ここには入らないで下さいということで、しめ縄が張られています。古典にもちゃんと書いてありますが、しめ縄とは本来そういう意味なのです。天岩戸神社からお出ましになったら、もう戻らないで下さいということです。

そして幣立神宮では、肉体はいつまでもそこにいるわけにはいきませんが、神としての魂はここから出ないで下さいというお祭り、巻天神祭をします。

天照大神は幣立神宮にお帰りになって、御先祖の神々に御報告をしました。

旅の途中で人々の様子をご覧になって、このままでは忍びないから苦しんでいる人たちを助けてきなさいと、ニニギの尊様を使いに出されたのです。

日向国風土記逸文には、「臼杵の郡の内、知穂郷。天津彦彦火瓊瓊杵尊（ニニギの尊）、天の磐座を離れ、天の八重雲を押し分け威風堂々と道を開いて、日向の高千穂の二上峰に天降った」とあります。

最初はどうしていいのか分からないので、数人でお出かけになりました。風土記には大津和、小津和と書いてありますが、その土地の人たちは、自分たちは生活に困窮しているから種モミが欲しいと言いました。そこで、ニニギの尊様はもう一度帰られて、種モミを持って来るのです。

一度帰って、すぐに持って来られるようなところが大陸のはずはありません。すぐに往き来ができるような場所でなければならないでしょう。

そして、種モミを持ってくるのですが、幣立神宮は高千穂のすぐ近くです。高千穂がメチャクチャになったのに、幣立神宮の辺りに種モミがあるのかと思うかもしれませんが、あったのです。

これは私自身が経験したことですが、平成二年に阿蘇山が大きな爆発をして、一晩に約十センチの火山灰が積もったことがありました。それから二年もの間、真っ黒い煙が出続け周囲の家の中にも入ったりしていたようですが、その二年間に幣立神宮の方向にだけは煙が来なかったのです。少しだけ窓ガラスなどがザラザラしたことはありましたが、ほとんど影響はありませんでした。

阿蘇が爆発した時、おそらく古い樹などはかなり傷んだと思うのですが、幣立神宮のたくさんの大きな樹には問題がなく、ほとんどの樹が生き延びました。ご参拝に来られる方はみなさん、大きくて美しい樹木に関心されます。

ニニギの尊が託された3つの言葉

さて、ニニギの尊様がお出でになった時、天照大神から三つの言葉を託されました。

一つは、「貴方が出て行って治めるのだから権力者になりますが、私に代わって、貴方自身がこの国をきちんと治めてほしい。そして、貴方の子孫が代々、その役目を果たしてほしい」ということです。

これを「天壌無窮《てんじょうむきゅう》の神勅」といいますが、天皇が日本を統治するという国のカタチを示されたのです。

もう一つは、「人々がちゃんと生きて行けるように稲穂を持って行きなさい」ということですが、これは経済なのです。その当時の経済は米でしたからね。

つまり、天皇は、政治と経済に責任を持ちなさいということをおっしゃったのです。

そしてもう一つは、鏡を託し、「この鏡を見る時、私だと思って見なさい」と言われました。政治力、経済力を持った、生身の人間というのはとかく傲慢になります。ですから、鏡を見て、自分について考えなさいということなのですね。

これについては「我《わ》が現霊《あらみたま》ここに移りて、国をしらさね」となっていますが、要するに、自己教育をきちんとしなさいとおっしゃったのです。

だから、多くの神社には御神体として鏡が安置されているのです。

神社では、「こうしなさい」などという教育はしません。自分で自分の教育をしなさいということなのです。その象徴が、鏡なのですね。

また、神社でのお祓いは、自分自身を素直に見るためにするのです。「素直になりなさい。清々しい気持ちで直接神様と向き合いなさい」ということです。言い換えれば、神とは、自分自身と向き合うことなのです。

そのことを天照大神様は、ニニギの尊様が御降臨になる時にお示しになったのです。だから、皇室では今でもそれを守っておられることと思います。

天皇陛下はお田植えをされますが、これは大事な儀式なのです。この儀式を止めてしまうと、一番大事なお仕事を疎《おろそ》かにしたことになりますので、毎年必ず、田植と稲刈りをされます。

そして、初めて収穫された御米を神様にお供えする日が、十月十七日です。これが、伊勢神宮の「神嘗祭《かんなめさい》」というお祭りです。

また、天皇陛下が神様にお供えになる日が十一月二十三日ですが、これを「新嘗祭《にいなめさい》」といいます。この日は、「勤労感謝の日」という祝日として国民もいっしょにお祝いをするのです。

「新嘗祭」は、大事な命の蘇りの儀式なのです。それなのに、その日を「新嘗祭」と言わずに「勤労感謝の日」といっています。

「勤労感謝の日」といっても、何に感謝するのか分からないでしょう。だから、学校ではみんなで「お父さん、お母さんありがとう」と言います。

けれども、「新嘗祭」の本来の意味は、働いて収穫を得たことを神様に感謝するということなのですね。このように、言葉が変わると意味も変わってしまうのです。天孫降臨という言葉には、そういうことが含まれています。つまり、天孫降臨とは決して作り話ではなく、稲作を広めていった歴史なのですね。

歴史の教科書では、この稲作が日本中に広まっていった時代を弥生時代と言いますが、この呼び方では稲作との関連は分かりませんね。弥生土器と呼ぶ茶碗のカケラが見つかったから弥生時代と言っているだけのことですから。

その前の時代を縄文時代と言っていますが、これも茶碗のカケラからきています。でも、縄文時代には深いものがありますね。

古き日本人の感性

先祖たちが精神文化を積み上げていった長い長い歴史があって、初めてできたのが

「古事記」とか「日本書紀」とか「万葉集」でした。突然、そんなものができるはずはありません。

そして、みなさんが万葉集などで使われている言葉で和歌が作れるかというと、まず無理です。記憶がないとできないのです。当時の人には、蓄積された記憶があったのですね。

しかも、特別な人だけではなく、万葉集にはお百姓さんが作った歌も入れてあります。いろんな階層、職種の人たちの歌が入っています。日本人は、そういう幅広い、精神的に豊かなものを持っていたのです。

私が子供の頃の教科書に、大田《おおた》道灌《どうかん》の話がありました。

大田道灌は室町時代の人ですが、ある日、鷹狩りに行きました。雨が降ってきたので、お百姓の家に蓑《みの》を借りにいったのです。

すると、百姓の娘が山吹の一枝を差し出しました。道灌は、そんなものを借りに来たのではないと言って怒って帰るのですが、後でこの話を家臣にしたところ、それには深い意味があったことを知るのです。

「後拾遺和歌集」に兼明親王が詠んだ「七重八重　花は咲けども山吹の　実の一つだに無きぞ悲しき」という歌があります。山吹は花は咲きますが、実は成りません。娘は、この歌の「実の」と、雨具の「蓑」をかけて表したのですね。貴方に蓑を貸したいけれど、貧しいので蓑ひとつ持ち合わせがなく、申し訳ない、悲しい、という意味を一枝の山吹に託しているのです。

この時代には、厳しい身分制度があったといわれていますが、百姓の娘にも歌に託して山吹の枝をパッと差し出せる遊び心と教養があったのです。これが、室町時代の日本人なのです。

今の人ができますか？　普通だったら、「うちには蓑は無かバイ」というだけでしょう。

昔の日本人は、そういう感性、教養を持っていました。おそらく、今の方がずっと教養のレベルが低いように思います。

私の母は、小学校しか出ていませんが私より学があります。先代の宮司もそうです。先代宮司は中学校までですが、私とはまるでレベルが違います。昔の人は、一生懸命勉強をしたのです。

そして、「大屋根の　皇大神を守らむと　小屋根の丘にわれは鎮まる」という、自分の人生を締め括る辞世の句をきちんと残しているのです。


歴史の教科書では、縄文時代、弥生時代の次は、古墳時代といいますが、人々の長い間の積み重ねが、奈良時代に「万葉集」や「古事記」、「日本書紀」となって現れてきたのです。

学者先生は、「古事記」とか「日本書紀」は天皇の正当性を裏付けるために作ったものだと言っていますが、私は違うと思います。なぜかというと、日本人の精神の積み重ねが見てとれるからです。積み重ねがなければ、絶対にあんな文書は書けません。その積み重ねたものを、ずっと守り続けているのが神社のお祭なのです。同じことを繰り返し、繰り返しやっています。

日本にはそういう先祖の熱い営みがあって、それを短い言葉で表現したのが「天孫降臨」であり、「神武天皇の御遷都」であると思うのです。

金鵄《きんし》発祥の霊地

その神武天皇について、九州の幣立神宮から大和においでになったという記録があるということを以前聞きました。まさか、そういうことが書いてあるものが存在するとは思わなかったので、奈良まで行ってみたのです。

大倭神社を訪ねて行ったのですが、驚きました。

そこで見せていただいた「大倭神宮伝承の記」の最後に、「金鵄《きんし》発祥の霊地」ということが書かれてあったのです。

神武天皇が大和に行かれた時、最初は刀をもって戦いながら進んでいくと、手痛い傷を負われたそうです。そこで、これは自分が間違っていると思われて一度帰ってから出直されるのですが、その時、弓に金の鵄《とび》が止まったのです。これを金鵄というのですが、弓を使ってはいけませんという意味でした。

神様が金鵄を遣わされてそのように神武天皇に諭《さと》されたので、武器を使わずに大和に行かれました。明治時代の金鵄勲章は、そこに由来しています。

本来なら、金鵄勲章は戦をしないで国を治めた人にあげるべきものなのに、明治時代から、本来の意味と異なったこともやむをえない時代が我が国にありました。神様の道に外れてしまっていたのです。

日本の神の道は、戦をする代わりに言葉で理解させなさいといいます。ですから、私たちの先祖は非常に言葉を大事にして、美しい言葉で表現する訓練をしていたのです。その訓練の一つが、和歌ですね。

今は美しい言葉よりも、説明に使ったり、はっきりさせる言葉の方が大事になっているから、争いが起きるのです。美しい言葉で話せば、人間はそれに反応するようになっています。

だから、私たちの祖先は美しい言葉で、国を治める努力をしていました。京都の美しい言葉は、その名残りだと思います。京都の人とは、あまり喧嘩する気にならないでしょう。

神武天皇、出立の地

「大倭神宮伝承の記」の中に、「平和な大和に憧れて、西筑紫の屋根と伝えられた九州の臍《へそ》、広大な阿蘇の知保郷で生誕の皇子四人が眷族《けんぞく》とともに、瀬戸内海を東に向かい、浪速から生駒山を超えて大和に入らんとした」と書いてあります。

この西筑紫の屋根と伝えられた九州の臍とは、注釈に熊本県阿蘇郡蘇陽町あたり、日の宮、幣立神宮と書いてあります。

神武天皇は、知保郷からお立ちになられました。この知保郷ですが、鎌倉時代以前には、幣立神宮を中心にした約二十キロぐらいの場所を知保郷と言っていたのです。今でも、宮崎県と熊本県の学校が合同で運動会をする時には、知保郷大会と言っています。

そして、風土記には、「日向の国の風土記に曰く、臼杵の郡の内、知保の郷」とあります。知保郷が天孫降臨の物語の場所であり、ここから神武天皇は出立されたと書いてあるのです。

もう一つ、「伊勢の風土記」という資料があり、これにも「九州の西の宮からお立ちになった」と書いてあります。

こうしていろいろな資料を見ると、神武天皇の故郷は、明らかに九州の臍である幣立神宮を中心にした場所であると考えられます。

しかし、日本人はそういうことを明らかにすると、すぐにそこに集中してしまいます。そうなると困るから、今の神社界はその辺を曖昧にしているのだと思います。せっかく伊勢神宮を中心にして日本人をまとめようとしているのに、心が離れてしまうといけませんからね。

それで、高天原や常世の国についてもぼんやりさせているのだと思います。そうした事情により場所を確定できないので、高天原は雲の上とか言っているのですが、そんなところに人が住めるはずがありません。

人として肉体を持っておられたということを前提に考えておかないと、お宮に祀られている神様のことは解かりません。

東京のお宮には、たくさんの人が、神として祀られています。

例えば、乃木大将です。乃木神社に祀られている神様ですが、非常に新しい方です。東郷神社には東郷平八郎が祀られていますが、日露戦争の軍神ですね。

このように、日本では世のため人のために、人として活動された方を神様としてお祀りするのです。

神の光をいただいて祈るお宮

人として存在されなかった神様は、天界から御降臨になった「ア、ソ、ヒ」だけだと思います。その御霊をいただかれた方が、肉体を持った大宇宙大和神です。

幣立神宮の資料にある「天神人祖一神宮」の天神様が「ア、ソ、ヒ」で、別名カムロギ、カムロミの尊というのです。次の人祖、つまり人の親が大宇宙大和神だということを、先代の宮司が死ぬ間際に私に告げました。

この天神人祖をお祀りしているのが幣立神宮なのですが、五色人のことも書いてあります。

「皇祖皇大神宮」とも書いてありますが、「竹内文書」を納めてあるので有名な神社です。お宮の名前が書かれているのは、「皇祖皇大神宮」と「天神人祖一神宮」の二つだけなのです。そして、祭神としての皇統が書いてありますが、皇統とは天皇の系図です。

私はまだ皇祖皇大神宮の宮司さんとはお会いしたことがありませんし、もしかすると私とは見解が違うかもしれませんが、私は皇祖皇大神宮のお役目は文献をお守りすることではないかと思っています。

その文献の記録で大事なことは、神武天皇までの皇統が高天原として幣立神宮に繋がっていることです。

竹内文書には五色人のことも書いてありますが、五色人を代々お祀りしているのが幣立神宮なのです。

その五色人祭のことを夢に見てやってきたのが、ジュディス・カーペンターさんでした。他にも、ユダヤの女性が訪ねてきたり、ヘブライ大学聖書学の学部長で、聖書の世界的な権威者のラビ（僧侶）もおいでになりました。

ユダヤ教は一神教なので、普通は他の宗教にはお参りにならないのですが、幣立神宮では五色人を祀っているのでおいでになるのです。

他にも、フランスの文化放送の理事長が来られたことがありました。大東亜戦争の時に、疎開していた沖縄の子供を乗せた船が沈んだのですが、それを引き揚げるための運動がありました。日本人が言ってもなかなか引き揚げないのに、その理事長が、国際的な問題にすると言ったらすぐに引き上げたという出来事もあったそうです。

その人が幣立神宮に来られた時に、「神の庭にきて、神聖さを感じることができました」というコメントを残して帰られました。

そのような異国人の霊的体験や文献からしても、明らかに日の宮が高天原であるし、ここから天孫が降臨されたのです。「ここ」というとある一点を指すと思われるかもしれませんが、幣立神宮を中心にした生活圏になります。

神の光をいただいて祈る場所がここだと思い、私は日々お仕えしているのです。

「ムスビ」は魂の出合い

最後に「ムスビ」という言葉について話したいと思います。結びとは、言い換えると「出会い」なのです。二つのものが出会うことが結びなのです。二つのものが出会うと、まったく違うものになります。

例えば、自然界では水素と酸素が出会うと水というまったく違うものになるでしょう。人間も、出会いによって、まったく変わるのです。出会わないから変わらないのです。出会ったつもりでも、行きずりになっていれば変わりません。本当に出会うということが大事なのです。

その出会いの場所が、一つのカタチとして残っているのが五色人祭です。神と、日本の魂と、そして世界の人々との出会いを作る場所なのです。

五色人の祭りに参列して、自分自身でその役割を自覚する。その自覚をすることで変わることができます。

「出会いなさい、二つのものを結びなさい」という、平安時代の頃の大嘗祭の祝詞があります。それには「我国は天孫降臨から始まった」と書いてあるのですが、お祭はお供えが基本になっています。

そのお供えに「うつし国の水に、あまつ水を加えて奉れ」と書いてあるのです。うつし国の水とは、その場所の水であり、そこにあまつ水（高天原の水）を加えて奉りなさいということです。

その「あまつ水」はどこにあるかですが、まず二神に行きなさいと書いてあります。二神とは、天孫降臨の時、最初に足を踏み入れられた場所なのです。そこに行って、天神に祝詞を捧げて、そこから出る水を「あまつ水」として合わせて使いなさい、ということです。要するに、高天原の水と結べと書いてあるのです。


私たちが何かをする時、漠然とではなく、自分の役割を自覚した、きちんとした「結び」が必要なのです。

吉田松陰もそう言っています。政治家になろうとしてなった政治家は、一生懸命やればやるほど世の中を悪くする、なぜかというと、志が立っていないからだ、ということです。だから、志を立てることが大事なのです。

それには、志を立てられるような「出会い」が必要です。本当の日本人としての、魂の出会いです。

それが、先述の社長が祈願した「日本が世界の中心になって、世界の平和と繁栄を実現していくように」ということになっていくのです。

みなさんも、新しい日本の役割を果たすために、神との出会い、祖先との出会い、そして日本の文化との出会いを、もう一度お持ちになって、本当に役に立つ人生を送ってください。

天孫降臨の地より

＊本編は、２００９年に阿蘇で行われた講演が基になっています。

「人に優しい」とは

幣立神宮には毎日いろいろな方がいらっしゃるのですが、先日はまたおもしろい方がみえました。お母さんとお嬢さんなのですが、お母さんがおっしゃるには、お嬢さんが結婚できるように祈願しにきたというのです。しかしお嬢さんの方は、絶対結婚しないと言っているんです。

お母さんは、この子が心配でどうしても結婚してもらいたいとおっしゃるんですね。一人娘なので結婚しないと家が絶える、また、行く末は生活できなくなるのではと心配されているのです。

でも実は、お母さんは娘のことを心配しているようで、本当は自分が心配なんです。人間というのは、人のことを心配するより、本当は自分のことを考えている人が多いのですね。

また、きれいなことを言う人は危ないことが多いです。

最近は、「人に優しい社会」と言いますよね。市長さん方もよく、「人に優しい町づくり」などとおっしゃっています。

しかし、人に優しい町なんて絶対に存在しないんですよ。こちらが、地域や家族に優しくすれば、向こうも優しくなるんですね。

問題は向こうではなくて、こちらなんです。自分自身が人に対して思いやりを持った行動ができていれば、向こうも優しくなります。要求をするだけの人は、相手もどこまでやっていいか分からなくなるんです。また、サービスをしてもらっても、いつも足りないと思うんですよ。

おもしろいもので、人に面倒をみてもらっていると、いつも不満があるんですね。もっともっとしてほしい、になるんです。逆に、人の面倒を見ている人の方が、いつも充実感があります。

日本における神 ―― 子どもを神様として育てる

さて、「日本の神道は危ない」という内容の本があります。その中には明治以降の神道、国家神道というものが本来の神道と違っていると、特に靖国神社を取り上げて、この神社は日本の神道とは違うということが書いてあります。これも、一見正しいようだけれども怪しいんです。

なぜかというと、日本のお宮というのはいつの時代にどうやってできたかということについて、それぞれの背景があるんですね。

靖国神社も最近できましたから、特別なんですね。あの神社は、普通のお宮と違って人が祀ってあるから違うと本の中で言っていますが、日本のお宮というのは元々人を祀っているんです。

例えば、天照大神様がいらっしゃった当時、国づくりの意義をお祀りしたのが鏡なんです。天照大神様は天孫降臨の時にニニギの尊様に鏡を渡して、「これを見ることは我を見るが如くせよ」とおっしゃいました。つまり、鏡を私だと思って祀りなさいということです。

もう一つ、幣立神宮の記録では「我が現御霊《あらみたま》、ここに移りて国を知らせる」と書いてあります。喜びを感じたり、悲しみを感じたり、憎しみ、優しさなど、いろいろな心がありますけれども、そうした感情などを鏡に映して、より良い心となって国を治めなさいという意味でした。

そして、その鏡を天皇家の宝として代々お祀りして、常に自分自身を鏡に映し、自らの生き方を直していきなさいということなんですね。

本来はその鏡を天皇家にお祀りしなければならないのですが、垂仁天皇の時に今の伊勢に分けてお祀りされたのが、伊勢神宮の始まりです。だいたい2000年ぐらい前の話ですが、伊勢神宮の斎主の宮が大和姫の命です。キリストが2000年ぐらい前、中国の孔子や孟子も2000年ぐらい前、インドのお釈迦様もそうですから、だいたいその頃に、世界中にそうした方々がたくさんいらっしゃったのです。

お釈迦様やキリストもそうですが、こういう方たちは特別な神様とされたんですね。日本では特別な神様というよりも、身近な人を神様として祀ったんです。

なぜかというと、太古の昔からお互いを神として尊重するという文化を持っていたからです。菓子折を持って挨拶に行くなどは、相手を神として尊重しているという表現でした。

今は、人間が動物のようになってしまっていますね。どう思うかによって人間は変わります。他の動物と同じと思ったら、動物になるんです。神のようにありたいと思ったら、神のように生きていこうと努力するんです。

日本人はずっと、人は神という意識があり、人に対しても神様に話すような言葉で話し、神様に接するように接しようとしてきました。これを、言霊（事霊）と言うんです。神様に接するように話し、行動することを言霊と言うんですね。

だから、言霊には言葉の言と事柄の事の、両方の文字を使うんです。

子育てについてもそうなんですよ。自分の子供を、神様になるように育てるんです。最近のお母さんは、動物のように育てるから問題があるんですね。神様になるように育てることが大事なんです。

そのためには、小さい頃からしっかり訓練しなくてはいけませんし、辛いことも乗り越えさせていかなくてはいけません。子供をかばい過保護になって、あるいは行きすぎた放任で、辛いことをさせないから野獣になってしまうんです。そういうことも、私たちの歴史の中に見ることができます。

日本の宗教の神髄

さて、靖国神社の話に戻りますが、お祀りの仕方が違うと言う人がいても、本来日本は、人を神として祀っているんです。

分かりやすいところでいうと、東京に明治神宮があるでしょう。明治天皇が祀られています。東郷神社は、東郷平八郎氏ですね。乃木神社は乃木坂の乃木大将です。神様として祀っている人が、もともとは肉体を持った人でしょう。東京には、そういうお宮がたくさんあります。

その人たちの宿命、私たちに対して大きな命をかけて果たしていただいた役目を神様として祀っているわけです。悪いことをした人は普通、神様として公に祀ることはありません。しかし、日本では悪いことをした人も自分の家には祀ります。罪を憎んで人を憎まず、死者に鞭打たずという文化ですから。

外国と違っておもしろいのは、元寇で、今の韓国から日本に攻めて来て死んだ人たちを福岡で祀ってあります。外国では、敵は祀りません。踏みつけはしても、祀りはしないんです。

日本では、死んだ人は神や仏として祀ります。そして、一年に一回ぐらいは慰霊祭をするんです。これが日本の文化というか、基本的な宗教の神髄なんですね。

靖国神社問題ではよく戦犯とか言いますが、生きている時には犯人でも、死んだ人に対してはもう、犯人とは言わないんです。死んだ後は、どんなにいいことをした人も悪いことをした人も、同じように祀ってあります。これが日本人の文化なんですよ。ですから、靖国神社だけは特別だという考え方は、私は違うような気がしたんです。本当は歴史の中で、似たようなお宮の作られ方が、その時代、時代に何回もあったと思います。長く時間が経つと、誰も意識しなくなるだけなんです。

靖国神社のような形ではなくても、その時代の誰かを代表して、御祭神としているところもあると思います。氏神様はそれと近いですね。自分たちの地域のリーダーを、氏神様にするわけですね。

中には、自分の家はもともと熊本だったから、氏神様は東京じゃないという人がいますが、それは間違いで東京に移ったら東京の氏神様でいいんです。柔軟に考えましょう。神様は自分の祖先にいっしょに付いてきてくださっているんですから、前の家に祖先を置いてきてはダメです。祖先もいっしょにおいでいただきます。

家族の絆

以前、タレントの鶴瓶さんが来られた時に、おたくの家族は何人ですかと聞かれました。私は最初、分からないと言いました。その次に、六人と言いました。それから、四人と言いました。別にぼけていたわけではなく、みんな正しいんです。

分からないというのは、祖先から先を全部家族としたら何人いるか分からないし、六人と言ったのは、一年に二回だけ、お盆と正月におじいちゃん、おばあちゃんがやってきますから、この時は六人になります。そして四人と言ったのは、いっしょに暮らしているのが私たち夫婦と息子夫婦で、四人なんですね。みんな、私の家族なんです。

先代には、３億３千３百３３万人の御霊がついていましたけれども、代々の御霊は自分の祖先、家族という感覚でお祀りしていました。家族と思えば、面倒くさいと思わずにできますね。

最近は、面倒くさいからと自然葬などと言ってお葬式も何もしない人がいるでしょう。あれは、家族の感覚が無いからだと思います。家族なら、面倒くさいと思いません。家族というのはお互いに、相手に対してよく働きかけると、相手もよく働きかけてくれるんですよ。

２００８年の年末頃のニュースでは、会社から首を切られて、ご飯も食べられないと言って日比谷公園に集まっている方たちがいましたね。家内がそのニュースを見ながら、首をひねっていました。食糧配給に並んでいる人たちに、女性がまったくいないと。

男は、面倒くさいから家族とも、社会とも、友だちとも縁を切って、もらったお金を全部使っているせいで、いざという時に蓄えも頼るところも無くなるのではないかと想像します。女性は、ちゃんと家族とも繋がりを保っているので、困った時には家族と助け合って暮らしているんじゃないかと思われます。

男は縁を切ってしまうから、誰にも頼れず、暮らせなくなるんです。その月、その月で全部お金を使ってしまうから、首を切られたらすぐにご飯が食べられなくなったりするんです。

日頃からの付き合いが人と人を繋げているし、社会に対する優しさというのは、そこから生まれると思います。小さな社会が家族ですから、家族が自分に優しいというのは、日頃から自分が家族とつきあっているから優しいんです。つきあっていない人には、関心の持ちようがないんですよ。だから、自分の都合だけで行動していると、最後は見捨てられるということになります。

面倒くさい時もあるけれども、日頃から家族や友だちとつきあうとか、社会に対して何か貢献をするとか、簡単に言うと保険みたいなものですね。特に女性の世界はそうです。保険をかけない人間は、困った時にお金がおりない、つまり助けてもらえないんです。

現代的な言い方をすれば、おつきあいというのは保険なんですね。ですから、そうしたことを常日頃積み重ねていけば、人間というのはそう不安はないと思うんです。

幸運を招く生き方

最近は、不安を口にする方が多いんです。例えば、日本の経済が悪いと世間では言われていますが、本当に悪いかというと、おおぜいの食べていけない人がいる一方で、たくさんの人が海外旅行をしています。空前の不景気とはいっても、ゴールデンウィークは、成田空港は人であふれかえるんですね。

十分な食事をいただいていても、自分が要求しているものが手に入らない時に、食べられないと言ったりするんです。でも、とことん満足している人というのは、いつの時代もいません。

夢に描くようなゆったりとした安住の地というのは、人間にはないんです。自身が行動している場所が、安住の地なんです。

良い社会になっても、いつも物足りなくなるんですよ。家族関係がいつもうまくいっていると、逆にうとましくなってくる。一定の状態を保つことに、人間はいつも不安を抱くんです。だから、常に何かをやっていることが、非常に生き生きとした良い状態なんです。

何もしなくてもいい高齢者が、一番ストレスを感じています。高齢者に何をしてもらうかが、一番大事です。数年前に、ニートという言葉がはやりましたね。彼らには、会社勤めの人間関係による悩みなどから逃げている人も多いです。しかし、することがないからますますストレスが溜まるんですよ。

マスコミでは仕事がないと言っていますが、あれはウソなんです。仕事はたくさんありますが、したい仕事がないだけです。

でも、世界の中でもしたい仕事ができている人はほんの一握りなんです。プロ野球選手でもしたくないポジションをさせられたりしますからね。誰もがしたいことができるわけはないです。したいことができるのは、超一流だけなんです。普通の一流ではしたいことができません。ましてや二流、三流であれば我慢するしかないんです。

しかし、それでいいんですね。我慢をずっとしていけば、最後は我慢しなくてよくなるんですよ。我慢が、楽しい社会を作っていくのです。

例えば、松下幸之助さんがとてもいい例です。あの方について書かれた本を読んで、松下さんがどんなことを考えていたかということが私なりに分かりました。

あの方は、自分の運が良いということを基本にしています。自分は運が良い、運が悪い人はダメになる、という考え方が基本になっているんです。

彼の一番最初の幸運は、家がものすごく貧乏だったということです。今の時代だったら、貧乏の家に生まれた子はひねくれてしまうことが多いでしょうね。

彼は一年間働いて初めて、5銭の給料をもらいました。今で言うと5百円ぐらいですね。一銭で、あめ玉が二つ買えるぐらいの時代だったかと思います。家が貧乏だったから、それだけのお金を見たのはその時が初めてだったそうです。

そして、こんなに大金がもらえるならもっと働こうと思いました。もし家にお金があったなら、「なんだこれっぽっち」と思って怒ってやめてしまっただろうから、家が貧乏だったのが運が良かったというわけです。考え方一つで、まったく人生が変わるんですね。

その次の幸運は、学校に行かなかったことです。貧乏だったから、小学校4年生で丁稚奉公《でっちぼうこう》に出ました。

もう一つは、体が弱かったことです。体が弱くて人並みに勤めることができなかったから、独立せざるを得なかったというのです。

学校に行ってなかったから、分からないことは人に聞きました。もし私が東大に行っていたら、こんなことは恥ずかしくて人に聞けなかっただろう、学校に行ってなかったからこそ聞くことができて良かったと思ったそうです。とらえ方がいろいろありますよね。


今は、将来の収入も学歴も、それぞれの家庭の収入によって違いが出ることが多いのです。貧しい地域や家庭の子供は学力が低い場合が多く、ずっと貧しいままのことが多いとも言われています。

ただ、勉強するかしないかは、個人の生き方です。環境が整っていなくても、努力しだいで最高峰の学校に行くこともできます。逆に、どんなに勉強に合った環境でああっても、しない人はしません。東京のように、何でも間に合っている所でも、勉強をしない人はしないんです。する人はする。お金があってもうまくいかなくて、社会に背を向けて暮らしている人もいるし、お金が無い家の子供でもしっかり独学をして、充実した人生を歩むこともあります。

天《あめ》の浮き雲に乗りて

それから一般に流れている情報というのは、人を洗脳するような情報が多すぎると思います。日本の歴史のこともそうです。

例えば、以前、ＮＨＫで高天原の放送がありました。その時、一番最初に出てきたのが、幣立神宮でした。

しかし、ここはついでのようなもので、その次に高千穂を案内しました。その時、高千穂は高天原として解説がありましたが、高千穂では高天原という場所は、遥拝所と書いてあります。高千穂は有名になっているから、あそこが高天原じゃないかとみんなが思うわけですね。他にも、有名な伊勢神宮がそうじゃないかと思うんです。

そこは遥拝所であり、拝む場所なんですね。

今は、幣立神宮しかないんですよ。昔からここは、高天原と言われてきたんです。

天孫降臨の地という言葉がありますね。みなさん耳にしたことがあるでしょう。「古事記」も「日本書紀」も、天孫降臨という言葉が見出しにあります。ニニギの尊様は、天照大神様のご依頼を受けて、天《あめ》の岩倉を離れて天《あめ》のふたがみに天降りをしたと書いてあります。天《あめ》と書いてあるから天《てん》と解釈されることが多いですが、違うんです。天《あめ》というのは天《てん》ではなく、そういう方々の行動やいらっしゃる場所を表す言葉なんですね。

例えば、天《あめ》の浮き雲に乗りてと書いてありますが、本当は歩いていくんです。そういう方の行動を、天《あめ》の浮き雲に乗りてという表現をするんです。私たちの場合は歩いてと言いますが、天皇陛下の場合は特別な言い方です。

そうした表現が、意図的に曲解されている場合もあります。天《あめ》の浮き雲と書いてあれば、その頃は宇宙船があったなどと、納得しがたい解釈をしている本がたくさん出ています。

しかし本当は、天皇陛下や、高い身分の方々について、古典の中では美しい言葉で表現をしていたのだと思います。

以前、フランスの日本大使館に勤めていた外交官のマークさんという方がお宮にいらっしゃいました。伊勢神宮や、いろいろな神社にまつわる神話の翻訳をしている方なんですが、高千穂神社の宮司さんとお付き合いがあるということで高千穂に行かれた帰り、運転していた方がどうしても幣立に案内したいとおっしゃって飛行機が出る前の短い時間で連れてこられたんですよ。

うちの女性の神官が元気な頃で、お宮に出ていると、4、5人の日本人女性が来られたそうです。そこへフランス人のマークさんが来て、日本式のきちんとした作法でお参りしたのです。

それを見て、女性たちに「あなたたち、見てごらん。外人さんでもできるのに、もっと作法をきちんとしなさい」と諭したそうです。

いっしょにお参りをして、お宮の話をして、飛行機の時間に合わせて帰られたんですが、帰路で、何かピピッと閃《ひらめ》いたのです。高天原神話を絵にして、日本の著名なお宮に奉納しようと思いついたそうです。そして一番初めに奉納したのが伊勢神宮で、全国ネットのテレビで放送されたようです。その後、次々と絵を奉納していったそうです。

熊本でその方の個展があり、私がたまたま熊本に訪れていたのが開催期間中だったので、地元の方からどうしても連れていきたいと言われました。私も時間がなかったんですが、朝の10時の開館から1時間は、いることができました。

そして、地元の方から画家さんを紹介され、幣立神宮の宮司ですと言ったら、その人が絵を描くきっかけになったのは、幣立神宮からなんですという話をされたんです。また、本当は幣立神宮に奉納したいのだけれども、どんな絵を描いたらいいか分からないとおっしゃるんです。それで、先代と私の共著である、「青年地球誕生」（明窓出版）を贈りました。その本を読んでくださったようですが、それでもまだ、どんな絵にするか決まっていなかったんです。

その後、東京でも個展を開くということで、私も東京に行く用事がある時にちょうどまた午前10時から1時間ほど空いたので訪ねて行ったんです。

そうしたら、マークさんがある方を紹介してくださり、会った瞬間に分かったんですが、20年ほど前に幣立神宮で20日間ぐらい修行した人だったのです。

久しぶりで話も盛り上がり、その時に幣立神宮にマークさんの絵を奉納しようということが決まったんです。そのマークさんが描いた絵が、なんと天孫降臨でした。普通の天孫降臨はご降臨になったところを描くんですが、この絵は高天原からお出かけになるところが描かれていたんです。

ニニギの尊様がここを離れて高千穂へおいでになったのですが、ご出立の時の様子です。天照大神様が後ろから見守って、お付きの神様方がおられて、これから山や川、海を渡って行きますという旅立ちの絵だったのですが、たぶんマークさんが外国人だったから描けたんだと思います。

幣立宮の方からニニギの尊様が降りて行かれるということは、まさにここが高天原だということを表現しているわけです。日本人ならいろんな影響が怖くて描けないんですよ。この方は外国人だから、感じたことを素直に描けたんですよ。

天降りとは

天孫降臨というのは天から降りてこられるということですけれども、ニニギの尊様のことを天孫というんです。天照大神様のお孫さんで、天孫ニニギの尊様といいます。天降りというのはもともと、皇太子様や地位の高い人が庶民が暮らす所に行って人々の生活を良くするために尽力して、地域を立て直していく、というような行為を言っていました。人々の苦しみを改善し、世の中を立て直すための行為だったのです。最近だと、天降りが東京で止まるわけです。だからみなさん嫌われるんです。熊本に来れば喜ばれます。官僚の優秀な人が熊本に来て働いてもらったら大喜びです。

昔はそういう世の中だったんです。戦後の時代も、県や市町村の長たちが、天降りをしてもらえるように頼みに行っていたんですよ。でも、なかなか来てもらえなかったので、来てもらえたところはものすごく喜んでいました。その人には、2年か3年いてもらうだけでいいんです。そしてまた東京へ帰って行く。それだけで地方のためになっていたんですが、今は東京で止まって地方を向上させないんです。だから悪く思われているんですよ。

しかし、神代の時代も今も、天降りという形は変わっていないんですよ。ただ、今は宮家とか天皇家などからは、天降りされなくなりましたね。宮様方は、民間の仕事ができませんから。

昔は、一番辛い仕事をなさっていたんです。安住の地から厳しい場所に行かなくてはならなかったのですからね。国造りとか、経済の活性化などのために、命懸けで行かれていたのです。だから、歴史に残っておられるんです。ニニギの尊様は高千穂においでになりましたし、鹿児島にもおいでになりました。各地を旅をしながら、その地域のために活動されたわけです。

そうしたことを天孫降臨と表したわけです。代表的なところは高千穂ですが、天孫降臨の地は日本に何百カ所とあるんです。要するに、ニニギの尊様の行動自体が天孫降臨でしたから。天の岩倉を離れなどという表現が、祝詞の言葉にもあります。

だから、天孫降臨の地がどこであったかということで、争う必要はないんです。ここが本物だとか、本物ではないとか議論しますが、みな本物なのです。

記録というのはそのうちの特殊なこと、代表的なことだけを残していくんです。私たちも、日常的なことはあまり記録しませんよね。代表的な出来事が、高千穂だったり霧島であるということだと思います。

ニニギの尊の陵墓

ニニギの尊様は、鹿児島で崩御されています。新田神社という所に宮内庁の墓地があって、陵墓と言いますけれども、これはニニギの尊様のお墓です。

学者はこれが、本物かどうかということを言いますが、私は、お墓というのは本物でないと、受け継いでいく人たちが精神的に受け付けられないと思うんですよ。だから、中に何が入っているかは重要ではないんです。遺骨が入っているかいないかは分かりません。

例えば、日本の軍人さんのお墓も何カ所もあります。南方で亡くなったら南方にも作るし、自分の家にも作るし、共に戦った戦友たちがお墓を作ったりもします。靖国神社にも祀るし、他の場所にも祀る。そんなふうにいくつ祀っても、それをおかしい、違うと言わないのが日本の信仰心の懐が深いところです。

キリスト教などは、肉体と魂は分離不可だといいますから、土葬するんですね。肉体が無くなれば、魂も無くなるということですから。

日本の場合は、肉体は土に帰るが、魂は永遠なのです。だから、お墓として形は作りますが、肉体は神として祀らないんです。お墓よりも、自分の家のお位牌の方を大事にしています。毎日お参りするのはお位牌でしょう。お墓にはあまり行きませんよね。お盆には自分の家に帰ってきなさいといって、お墓のお清めをします。

これが日本のお祀りの仕方ですから、ニニギの尊様もたくさんお祀りされています。安徳天皇は、日本に11カ所のお墓がありますね。生誕地に住んでいる人は自分たちの所にお墓を作りますし、移られた先に住んでいる人は、そこにお墓を作ったのですね。それぞれでお守りしていますから、たくさんあっても不思議じゃないんですよ。どれが本物かという議論がおかしいんです。みんな、本物なんです。

ご遺体がある所が本物と決めるのは、日本の文化に合いません。ご遺体が無いところでもお祀りして、その方の労に感謝を表すのです。

大事なのは、人としての魂なんです。日本では昔から魂を神としてお祀りしてきたんですね。だから、あなたも神であるし、私も神である。そしてお互いを神として尊重し合っている。

子供は、ご神体として肉体をもらっているのですから、本当の神様になるようにきちんと育てなくてはなりません。

神様にならないように育てるから問題なんです。私は、これが日本の神道であるし、幣立神宮から教えていただく、物事の考え方のひとつだと思っています。

日本の歴史観

こうしたことを、学校で教えるのは難しいんです。本当のことを教えると、トラブルになるんですね。「古事記」について、どう教えるかといいますと、「古事記」の内容は教えないんですよ。奈良時代にできた日本最古の歴史書で、天皇統治を正当化するために作られた物語だという教え方をするんです。内容は教えません。そういうことがとても多い。日本の歴史教科書ではある出来事があり、それが良いとか悪いとかいう判断を下しています。これが、偏った見方をしていることが多いのです。

例えば、豊臣秀吉の政策について、学校で習ったのは二つだけなんです。刀狩りと検地です。刀狩りは武装反乱の可能性を根絶するもの、といった否定的な表現で教えられますが、私はそういうとらえ方はしないんです。

実際、刀狩りのおかげで、農民は兵隊にならなくてすんだのです。農業に専念することができたおかげで、日本は急速に生産力が高まっていくわけです。

また、検地をすることによって、ある程度、納税の公平性が生まれたと思います。検地をしないと、手当たり次第に取れるところから取るようになってしまい、不公平なのですね。でも、その検地も完璧ではありませんでした、完璧な政治というのは、なかなかできないのです。いつの時代も。今の時代も、完璧にはできていません。

完璧にできていないと、教科書でもそこを批判するんですよ。だから、不完全なところを取り出せば、限りなく批判する内容だらけになります。

しかし、物事は不完全であるということを前提に考えていかなければいけないいんですよ。社会というのはそういうものなんです。自分もそうです。完全なものを想定して人を批判してはダメなんです。

日本の文化は、特に豊臣秀吉の後の江戸時代は長く平和が続きましたね。平和が続いたから、軍需産業が衰えたんです。だから、ヨーロッパがやってきた時に対応ができず、それが明治維新のきっかけになるわけです。

私は、もっと違った目で歴史を見ていかないと危ないと思っています。

高天原の神様からのお告げ

また、御霊のお祭りがありますよね。これも日本ならではの祀り方なんです。御霊祭り、御霊を祀るわけですから。御霊が神様に慰めていただいている姿、その姿を私たちが常に新しく蘇らせて、その時代時代の中で生かしていく。それを祭りというんです。

ですから、祭りというのは昔のままでも、今の時代に蘇らせていくことが大事です。今の時代に合わなくなったのは、祭りとは言わないんです。

神様からいただくお札をなぜ毎年代えるかというと、お札というのはすなわちご神体ですから、年があらたまったら清潔な体に入っていただく、だから古ぼけたご神体ではなくて、新しいお札にするのですね。

そして、その時代時代にあって元気になっていただく、そういう意味で毎年お祭りをしてお札を代えます。

時代と共に、常に神様にもいっしょに成長していただかなくてはいけません。神様、すなわち、私たち自身も成長しなくてはならないのです。そうしなければ、世界平和なんてありえません。

私はそれが、幣立、高天原の神様からのお告げという気がしています。

自分の魂を常に若返らせて、清々しくしていただくとありがたいです。

春木宮司にお尋ねする

私たちが知りたいこと

――2012年問題について、どう思われますか？

2012年に光の線が来るとか、大きな変化が起こるなどの話ですよね。

私は、1999年の7月に大惨事が起きるというノストラダムスの預言が話題になった時も、まったく興味がなかったです。

あの年、みなさんが心配していたので、7月31日にお宮でノストラダムスの預言のお葬式をしようということになったんです。お葬式というよりも感謝祭ですね。日が沈む時に、感謝祭をしました。

そして、翌8月1日の夜明けに、新しい出発のお祭りをしたんです。そうしたらノストラダムスの預言の話はまったく出なくなりました。たぶん、2012年の話も出なくなると思います。

アセンションということについて、魂が浄化された人だけが助かるとかいう話もあるでしょう。要するに、日本人に対する教育なのではないかと思われます。自分自身に、今の生き方でいいんですかと問うということなんです。

だから、脅えるんじゃなくて、自分を変えることが大事です。たぶん、もっと良くなるように自身を変えてほしいということを言っているんだと思います。

だから、まったく心配要りません。心配でどうしていいか分からないというのは、自分自身の生き方に不安があるからなんですよ。

そうはいっても、自分の生き方をすべて正しくするというのは無理です。でも、自分なりに納得できる生き方をすることが大事なんです。

人には要求しないことです。人に要求しても、だいたい返ってこなくて腹が立ちますからね。社会にも、要求しないことです。

社会に要求すると、ストレスが溜まりますからね。社会も、個人には返してくれないんです。社会も含め、環境は自分自身で作り上げていかなくちゃいけないんですよ。

そうしたことを、2012年までに仕上げなさいと言っているんだと思います。

――天津神《あまつかみ》、国津神《くにつかみ》について教えてください。

私はいつも、お宮と結びつけて考えるんです。お宮から外に行かれた方を国津神と思っています。天照大神様の時代までずっと幣立神宮が中心となっており、天照大神様が初めて岩戸を出て行かれました。だから、天照大神様を天津神に入れるかどうかで議論されたことがあるんです。結論として、その功績から天津神に入れましょうということになりました。

厳格な区別がある訳ではないんですが、高天原から外に出られた神々を国津神と理解しています。ニニギの尊様も、ご降臨になりましたから国津神に入ります。

幣立神宮におられた神様が、天津神なんです。分かりやすいですよね。これでよく、我田引水と言われます。でも、私は神主は我田引水でいいと思うんです。自分がお勤めしているお宮が世界一と思っていないと、お勤めはできません。

みなさんも、自分のところが一番と思って勤めることが大事なことなんですよ。よそと比較して向こうより悪いと思ってしまったら、やる気が無くなってしまいますからね。自分のところが一番！　と、決めることです。

――今の皇太子様が次の天皇になる時には、世界の天皇になるという話を聞いたことがありますが、どうなのでしょうか？

大事なことですね。世界の天皇になられるかどうかは、日本人にかかっているんです。なぜかというと、世界の天皇になられるように、日本人が各々の質を高めなければなりません。経済も、人間性も、リーダーになれるように高めていかなければ、トップにはなれません。

つまりは、日本人に対する願いと、戒めと、期待だと思います。ぜひそうなっていただかないといけない。魂を、その域に到達させるために育てないと、そうなりません。人間は生まれた時は、みな、いい魂なんです。それが、それぞれの育て方で変わっていきます。

皇室は、日本人の全体の問題なんですよ。日本人が世界中で受け入れられる人格を持つ、高める、そのことが、天皇が世界の天皇になられる一番の基本だと思います。

教育についても、今、学校や社会では差別があったり、強い人が弱い人をいじめたり、ハラスメントがあったりしていますね。

それを解決していくためには、みんな仲良くしなければならないとか、力を合わせなければならないとなどと教えますが、本当は個人個人の人間的な質が高まっていけば、自ずと必要な時に必要な協力ができるようになります。

個人個人が目的意識を持って力をつけていく、志を自分の中に持って問題を解決するために努力していく。そうしたプロセスの中で、人間の協力や良い関係が生まれてきます。

ところが今はみんな、協力するとか、力を合わせるとかいうことをやりながら、小さな頃から学校などで集団反省会をするんです。

集団反省会では、人間は必ず誰かを追及し始めるんです。追及されやすい人は、毎日されます。一日の終わりには、みんな心が暗くなって帰るわけです。

そういうことを経験してる人は、たくさんいます。集団反省会で名前を出されたくない、でもお互いに人のことが気になるんです。そういうことを小学校入学から中学3年生までしたら、9年間ですからね。

目立たないようにして、人の目を気にして、個性的なことは考えられなくなるんです。個性的に育てろといいながら、個性が伸ばせなくなっている。

最近は、大学生に将来どんな生き方をしたいですかと質問すると、ほとんどの学生が自分らしくと言うんです。マスコミは、自分らしくというのは素晴らしいですね、と言います。

しかし、自分らしいというのは、具体的にはなんにもなく、漠然としていますね。具体的な人生、自分自身が到達したい目標がないわけです。

そこで、いつもストレスがあるんです。そういう育て方をして、親は、子供が大人になってみて初めて気付くんですよ。子どもの感覚がずれている、おかしいと。

むしろ、それぞれがそれぞれのことをして、生き生きとしてたら仲良くなれるんです。人のことを気にするよりも、自分自身が目的を持って活動していけば、間違いなく生き生きとしてくるんです。

そういうことを、以前は学校の教員をしながら感じてました。先生方にとっても、仲良しとか協力という目標に到達することは難しい問題で、仲良くしようとすることが、逆にお互いを追及し始めることになるから、特に学習能力が低い子供、個性のある子供などは、いじめの対象になりやすいんですね。なかなか仲良しグループに入れないんですよ。入れない子供は、仲良くしてもらうため、無理矢理、没個性にしたり、人に合わせる人間にならなければいけなくなるんです。

——祈るということを、もっと教育に取り入れた方がよいのではないでしょうか？

現代の先生方は、祈りという言葉の中に含まれてる宗教性が怖いんだと思います。以前は、祈りというよりも、目に見えないものに対する畏敬の心を伝える努力をしたんですよ。しかし今は、いろんな意見があって難しいものがあります。

例えば、給食を食べる時、「いただきます」と言って一斉に手を合わせたりすることはやめさせてくれという意見が保護者から出たとか。いただきますという感謝の言葉は、給食に対しては基本的に合わないという人がいたというんです。給食費は親が出しているから食べるのは当然の権利なのに、「いただきます」というのはおかしいじゃないかという意見なんです。そうしたおかあさんたちも、権利などについて、意見するようにという教育をされてきたんでしょうね。

祈りは、神様に対して自分自身のやるべきことをまず伝えて、それによって自分の行動の責任を明確にしていくことです。その中には、すでに神様からいただいていることに対する感謝も含まれています。

昔から、日本の祈りというのはお供えをするものなのです。西洋の習慣と根本的に違うのは、お供えをしてから祈るところです。西洋は、逆に神様からパンなどをいただくんです。命の糧をいただくということなんですね。

日本では、命の糧はすでに神様からいただいているので、それに対して感謝の気持ちを込めてお供えをします。天と自然の恵みは素晴らしく、その恩恵をすでにいただいているという自覚があるんです。

そして、これからこのようにしていきたいという神様に対する自身の意思表示、それを見守っていただきたいというお願いを申し上げるんですね。

日本の国というのは、お互いに切磋琢磨するけれども、今の言葉で言ったら平和な社会が作られてきました。現実的な和をもってして、日本の国は発展してきたような気がするんです。

戦国時代など、争った時代もあります。しかし、争った相手の全部を皆殺しにするような文化は持っていません。責任者が責任を取れば、家臣、部下たちはいっしょに次の社会の中に組み込んでいくんです。奴隷として扱ったり、財産を略奪して皆殺しにするというようなことは、ほとんど行われてきていません。

これが、和を求める日本の本質的な文化じゃないかと思うんです。

戦国時代も、豊臣秀吉がうまくやれたのは、懐柔策をとったからでしょう。争って自分が勝っても、そのままあなたにここの統治を任せます、その代わり、自分に味方になりなさい、としたのですね。

だから、その時代の歴史には、よく裏切りがあります。でも、あれは本当は裏切りというものではなくて、世の中を良くするための方向転換だったのだと思います。考え方次第です。意地をはって戦いを続けても、負ける戦になれば家族、部下、統治をする庶民人たちが不孝になってしまいますから。

絶対的な君主といいますか、人の命も自由にできるような強い権力を持つという宿命を、日本はあまり支持しません。あくまでもいろんな人の意見を聞きながら、多くの人が幸福を追求していく、そういう願いを持って集団のリーダーは国造りをしてきたような気がするんです。

ヨーロッパや中国は、負けたら皆殺しにされるというのがありますね。とても刹那的です。

でも、日本では負けても生き残ります。責任者だけが責任をとるんですが、責任の取り方は、昔は武士の社会では切腹がありました。中には逃げ出した人もいるかもしれませんが、そういう家系は次の時代に生き残ることはない。人格的に評価されません。

ほとんどの殿様たちは、自らの責任をとって、自分の子供や家来たちは次の時代によく生きていくことができるようにしていたんです。

最近は、上の人たちにもそうした気概がなく、品格が落ちてきているようです。自己保身とかよくいわれますが、今のような政治の仕組みの世界ではなかなか難しいこともあるでしょう。トップ一人の考え方では人は動かないし、責任の取り方も、他の人を守ることはそう容易ではない。

昔は、一番上の人だけ責任をとれば、争った相手が下の人をきちんと守っていくという不文律が合ったような気がします。

――最近、チャネラーを名のる人がとても増えていますが、どういう意味があるのでしょう?

確かにそういう人が増えていることを感じますし、お宮にも、たくさんおみえになります。

人類の進化というのは、目に見えないものを見える形にしてきた歴史でもあるんですね。形にすることによって、社会が変わってくるわけです。しかし目に見えるものができて、具体的に所有ということができるようになり、今の人たちは逆に不安を持つようになった。

今、目に見えない新しい精神世界というのは、形にするより心をどのように生かしていくかという、人間の生き方における道を付けたいという人たちが増えてきています。

人類の歴史は、不安を解消するために文明を築いてきました。

また、目に見えないものを見えるようにすることによって、技術革新が進んできました。電気を取り出したり、画像をテレビやパソコンを通して送れるようになったりとかものすごく変化しています。今では普通に携帯電話で話をしていますが、日本からアメリカまでも、声を伝えられるわけですよね。

これを技術とか文明といって、人は進化してきたと思っていますが、それでもいつも人間には目に見えない不安がある。その不安が、人間の本質的なものを含んでいる場合が多いんです。

例えば、チャネラーの方が、よく平和とか人間の進化という言葉を口にしますね。人間の生き方そのものに対して、今とは違った形を期待しているようです。宇宙との関係とか、地球の環境の変化などを結びつけて話したりしています。

近代は物質至上主義で先進国は進んできましたが、今はいろいろなものがあふれすぎて過剰となり、さまざまな面で悪影響を及ぼしています。

そこで、もう一度、人間が生き方を考えることをうながしていこうというのが、たぶんチャネラーなどのリーダーシップだと思うんです。

よく、五次元とか多次元とか言いますけれど、私にはわかりません。どうしてもそれが、具体的に見えてこないのです。どんな人が書いた本を読んでもわからない。プレアデスとか、カシオペアとか、チャネリングとかいっていますが、私にはわからないのです。

実際、私は現実的なんです。そういうのを目に見える形にできたら、精神世界は本物になると思います。精神世界とはいっても、見える形にしないとだめなんです。

思いやりのある人生が精神世界とも言えるかと思いますが、思いやりも見える形にしないと意味を持ちません。きちんと行動にして表さないと、言葉だけになってしまうんですよ。言葉だけというのは、他人に要求するようなものです。期待させておいて、なにもしないのは、相手の意識を無駄に使わせるようなことになりますね。

人に優しくという人は、自身がどう行動に移すかが大事なんです。言うだけなら、どんなきれいごともいえますから。私は、言葉は形に表さないと意味を成さないと思っています。言葉に出すことによって、自己責任を明確にし、行動も伴ったものとすることですね。有言実行です。

言霊は、もっとも大切なものだと思っています。言葉にすることによって約束をするわけです。神様や自分との約束です。他人に対する宣言ともなります。

そして、約束をしたという自覚をし、具体的に実現させるためのステップを踏んでいく。

そして自分自身も神様であるし、人も神様であるという、そういう想いから言葉をかけるのです。要するに、お互い尊重し合い、そういう心を持って接することによっていい流れを作っていくんです。

例えば子供を神様と思ってというのは、私たちがきちんと、神様のようないい大人になってほしいと育てることとなんです。手を合わせる様な気持できちんと話しましょう。きちんと育てることが祈りにもなります。厳しくしなければならないところは厳しくできないと、子供は粗野になる、神様じゃなくて動物になるんです。動物のような、野獣のような人間になってしまう、野生化してしまいます。個性と野生というのは、対局ですね。野生というのは弱肉強食で、没個性的ですから。

そして、しつけをきちんと身に付けないで、人に対する思いやりや品性などを持たない人を野性的とか粗野といい、その対局が、品格ある人間です。

「国家の品格」とか「女性の品格」などという本が出ていますが、日本人が品格を失ったから、そういう本が出ているわけですね。それは、小さい時からの親子の会話とか、友人や集団の中での会話とか、そうしたものの中から生まれてくるような気がするんです。会話というのは人の心を作りますから。

子供にはこうなってほしいと期待するだけでは、なかなか難しいんです。でも親はみんな、自分より能力の高い人間になってほしいと期待している。能力の高いということと、人格的に素晴らしいとか豊かということは、直接結びついていません。能力の高い子供は、そのまま人格も立派になるとみんな勘違いしているんです。

例えば、数学において天才的な子供がいたとします、でもその子が、人より優しいとか、つらいことがあっても頑張れるかなどはまったく別の話です。それは、そういう体験をしていかないとだめなんです。体験というのは、そういう人と出会って学ぶとか、そうした何かに感動するなどですね。

数学は独学でもかなり能力を伸ばすことができますが、体験としていちばん有益なのは、素晴らしい人と出会うことです。そして、小さい時に本当に大切なことは、自然や命の素晴らしさと、美しさを知ることなんですよ。

今の教科書では、自然の美しさに感動するということが、理解できるようになっていません。

例えば、朝起きた時に、朝露の中から蝉が濡れた羽を伸ばしながら飛び立っていくところ、そういう様子を感動的に表現したものがあれば、自分も朝早く起きて見に行こうという気持ちになるんです。そうして、自然や命などを見ていくんです。命の大切さを口で言って教えなくても、体験として理解できればいいんです。いくら話しても、心に触れなくては意味がないです。小さい時の体験から命というものを知るし、自然の不思議に感動するものがあると、自分でもっと知ろうとするんです。

昔は「教育勅語」（＊編集部註：参考資料として、一〇八ページに口語訳付記）という指針があって、これをもとにして読みものなどを構成していました。

しかし、今の教科書の中では、みんな力を合わせて強いもの、悪いものをやっつけようとか、そういう類の読み物ばかりです。教科書の作り方が非常に作為的ですよね。

例えば、一年生のある教科書には「おおきなかぶ」というお話があります。かぶを引っこ抜く時に、みんなで協力してという物語ですが、いつも疑問に思います。あんな風な形で、来る人来る人協力するだろうか、と。人間は工夫する生き物ですから、畑でも必要な道具をたくさん作ってきました。普通なら、スコップやくわを持ってきて掘るところですよね。こんな物語が、本当に必要なのかと思うんです。

一年生の時は、例えば春になったら植物が土の中から芽を出してくるのを見た時の感動などを体験させてあげたいですね。そういうものを今は見せないし、自分ではなかなか感動するような場面を発見できないんです。

それなのに、「感動が大事ですよ」「感動体験が必要です」といいます。それは、そういう場面を作っていない証拠ですね。

「思いやりが大事です」という場合は、思いやりがない証拠です。口では言いますが、どうしたら人に対して思いやることができるか、具体的なことがわからないんです。

お年寄りに優しくとよく言います。また、老人ホームに慰問に行ったりしますね。私はそういうことで、お茶を濁していると思います。慰問に来られるだけでは、浅い付き合いです。もちろん、お年寄りは楽しかったり、嬉しかったりする方もおおぜいいらっしゃると思いますが、なかなか深いところまでは心が通じ合いません。

一番は、家族の中に本当の思いやりとか優しさがないと、お年寄りに優しくというのは現実味を帯びてこない。今は家族ではなく、社会に対してそれを要求しているわけです。

しかし、社会というのは、本質的には人に優しくないと私は思うんです。なぜなら社会は、人と人との切磋琢磨の場所ですから。一般的には助け合う場所と思われているようですが、そうではないような気がします。

切磋琢磨していきながら、集団全体として向上していくことが、助け合いになっていくと思います。家族はその切磋琢磨していく社会の中に向けて、準備する場所でもあるんですよ。

私は、老人が増えるという捉え方は間違っていると思います。歳をとっても、老人にはならないようにすればいいんです。歳をとって、社会的な活動ができない人たちのことを老人とすればいいのです。社会的活動は生き生きとできるようだったら、もう老人とはいわない。家庭の中でも何かできれば、社会的活動のひとつですね。仕事をリタイアした人にも、役割が必要なんです。今は、役割を剥奪してしまうんですね。

私も、もしすることがなかったら、年齢からいっても老人です。することがあるから、自他共に老人ではないのです。

そして、やり甲斐とか生き甲斐というものは、与えられるものじゃないんです。自分で探すものなんです。自分で獲得していく。

歳をとったら、今は、仕事がないですね。仕事は、お金をもらうと考えるから仕事なんですが、歳を取ったらみんな、遊べばいいんです。しなくてもいいことを楽しくすることを、遊びといいます。楽しみですね。

そういう楽しみが、結果として世の中の活力、生き生きとした暮らし、そういうものにつながっていったらいいわけですよ。歳をとってもそういう遊びを探せるかどうかが大事だと思うんです。

危ないから遊ぶなと言われたら面白くないですよ。危ないことをしないとだめなんです、歳を取っても。子供をみるとわかるでしょう。危ないことをするから、子供は生き生きしているんですよ。危なっかしいことをすべて抑えたら、子供はおかしくなりますよ。危ないことをする時に、目配りすればいいんですね。ただ止めるのではなく。

だから、歳をとった人たちも、どう遊ぶかですね。集団で遊ぶだけではなく、一人での遊び方もいろいろあるでしょう。趣味はなんですか、と私も時々聞かれますが、基本的に趣味はありません。運動のためにたまにゴルフをしたりしますが、年に何回かですね。

他にないですか、読書はどうですか、と聞かれますが、読書は趣味というより仕事なんです。仕事というのは嫌でもしなければならないという認識を持っている方が多いようですが、私は仕事が遊びみたいなものなんですよ。

だって、遊びみたいなものじゃないと、一日中お宮にいるのはつらいですよ。どんなに神様に祈るとかきれいごとをいっても、楽しくないと一日中はいられません。楽しいというのは、遊びです。いろんな方との出会いがあるし、とても楽しいのです。

それからここにいる、この場所自体が祖先から受け継がれてきたものなんですね。国の繁栄と世界の平和を祈るとか、その祈り自体が私たちの思想の形成になっていくわけです。ものの考え方。それが行動につながっていきます。

私は、たとえば会社を興して物を生産するとか、そういう生き方をしていません。今までは、学校の教員と、現在の神様の仕事をする生活でした。

その中でやはりずっと気になることがあります。天照大神さまが天孫降臨の時に諭された、基本の三つなんです。祈りを実現するためには、三つが必要です。

一つは、政治がきちんと続かなければならない。

一つは、経済が安定しなければならない。

もう一つは、人の心をまっとうにするには、自己教育ができあがらないといけない。だから、政界と経済界が協力して、祈りを形にし、その三つをきちんと行わなければいけない。

祈りだけではなく、祈りは現実化しないといけない。今の日本は政治と経済とがうまく協力ができていませんが、祈りがないからなんです。

天照大神からの意志なんですね。天孫降臨は、この三つを実現するためになされるわけです。具体化するためです。

そしてそのために、生涯を尽くされたから、天孫降臨という言葉で歴史に残るわけですね。こうしたことの何かに貢献なさった方が、歴史上の人物として名が残るんですよ。

ただ、チャネリングをしていれば良いのではなく、やはり、具体化する、形にすることが大切です。

【教育勅語の口語文訳】

私は、私達の祖先が、遠大な理想のもとに、道義国家の実現をめざして、日本の国をおはじめになったものと信じます。そして、国民は忠孝両全の道を全うして、全国民が心を合わせて努力した結果、今日に至るまで、見事な成果をあげて参りましたことは、もとより日本のすぐれた国柄の賜物といわねばなりませんが、私は教育の根本もまた、道義立国の達成にあると信じます。

国民の皆さんは、子は親に孝養を尽くし、兄弟・姉妹は互いに力を合わせて助け合い、夫婦は仲睦まじく解け合い、友人は胸襟を開いて信じ合い、そして自分の言動を慎み、全ての人々に愛の手を差し伸べ、学問を怠らず、職業に専念し、知識を養い、人格を磨き、さらに進んで、社会公共のために貢献し、また、法律や、秩序を守ることは勿論のこと、非常事態の発生の場合は、真心を捧げて、国の平和と安全に奉仕しなければなりません。そして、これらのことは、善良な国民としての当然の努めであるばかりでなく、また、私達の祖先が、今日まで身をもって示し残された伝統的美風を、さらにいっそう明らかにすることでもあります。

このような国民の歩むべき道は、祖先の教訓として、私達子孫の守らなければならないところであると共に、この教えは、昔も今も変わらぬ正しい道であり、また日本ばかりでなく、外国で行っても、間違いのない道でありますから、私もまた国民の皆さんと共に、祖父の教えを胸に抱いて、立派な日本人となるように、心から念願するものであります。（国民道徳協会訳文）

【教育勅語の十二の徳目】

忠孝（ちゅうこう）　世の中や親に孝養をつくしましょう

友愛（ゆうあい）　兄弟・姉妹は仲良くしましょう

夫婦（ふうふ）ノ（の）和（わ）　夫婦はいつも仲むつまじくしましょう

朋友（ほうゆう）ノ（の）信（しん）　友だちはお互いに信じあって付き合いましょう

謙遜（けんそん）　自分の言動をつつしみましょう

博愛（はくあい）　広く全ての人に愛の手をさしのべましょう

修学（しゅうがく）　習業（しゅうぎょう）　勉学に励み職業を身につけましょう

智能（ちのう）啓発（けいはつ）知識を養い才能を伸ばしましょう
徳器（とくき）成就（じょうじゅ）人格の向上につとめましょう
公益（こうえき）世務（せいむ）広く世の人々や社会のためになる仕事に励みましょう
遵法（じゅんぽう）法律や規則を守り社会の秩序に従いましょう
義勇（ぎゆう）正しい勇気をもって国のため真心を尽くしましょう

――「五色人祭」は、もっと一般の方に広く知らしめたらいいのではないでしょうか？

お宮には、マスコミの方もおおぜいいらっしゃいますが、その趣旨に賛同してくれればいいのです。

式典にみんなが集まる目的が分かりますか？　イベントをするからみんなが集うわけでしょう。祈りだけではないのです。課題を持って、考えて、行動に移していく、これが祭りなのです。

政治を「まつりごと」といいますが、国を治めることも祭なのです。自分たちが生きていることに感謝する、これが祭りの始まりです。


――ユダヤの方もおみえになるそうですね？


彼らの場合は、日本文化との対話という感じなのですが、ユダヤ教の祭りの原型が日本に残っているそうです。

日本の神社には、ユダヤ教の人たちがしなければならないことが残っているそうです。私は聖書を深く読んだことがないのですが、その人たちから聞いて分かりました。

ここでは、ユダヤの人も、インディアンの人も、白人も、黒人も、みんな祀っているのですが、戦時中にそういう祭りをすることは非国民だったんですね。

でも、公にはせず、戦時中も欠かさずお祭りをご奉仕していました。公にしたのは、十数年前の大祭の時からでした。本来は公にしないものなのです。だから、マスコミの映像では見られません。

ここに来た人が、その精神を具体的に実行していくのです。

――五色人の色は、具体的にはそれぞれどの地域の民族なのですか？

赤人とは、ユダヤ人、ネイティブアメリカン、アラビアやエジプトの民です。
黄人とは、日本人、中国人、朝鮮人などのアジアモンゴロイド系の民族です。
青人とは、スリランカとかサモアとかの太平洋の民族ですね。赤系の人もいますが。
白人は、欧州のコーカソイドの民族。
黒人は、アフリカ、パプアニューギニア圏や、メラネシアなどの民族ですね。

――青人とは、イメージとして、青みがかった黒ということでしょうか？

オーシャン民族と言われている人です。皮膚の色ではなく、海の色なのです。

アフリカと言っても、原住民の全部が黒人とは限りません。黒い大陸というでしょう。だから黒なのです。それに合わせて、人もその色に生まれます。

アメリカ大陸は白ではありません。赤なのです。白はヨーロッパです。オーストラリアは青です。そのへんは学者が研究していて、私はそういう学問をしたわけではありませんが、ゆっくり考えていいように思います。

——韓国に高天原が作られたということでしたが、どういう経緯だったのでしょう?

日本の学者や有名人が、高天原のことを、天だとか大陸だとか、曖昧にして言っていますよね。なぜか、日本の国内に高天原があったとは明言しないのです。

私の推測では、学者が高天原が大陸だと言うから韓国の高麗村に作ったのでしょう。ある大学の名誉教授が、韓国に行って写真入りで文章を書いているのですが、それによると、その場所の由来が「日本書紀」に合わせて書いてあるのです。

――日本がはっきりしないから、韓国に持っていかれているというところでしょうか。特に精神世界では、これから日本が中心になるという説もよく耳にしますし、本当は日本人が世界に向けて発信していかなければならないのではないでしょうか。

日本人の発信の仕方は、他の国とは違うんです。日本人は顔が見えないと言われていますが、だんだんと考え方などが浸透していく文化なのです。日本人は自分を全面に出して喧嘩するような民族ではないのです。お互いに理解しあっていく民族なのです。

でも今は、自分を主張する文化になってきているでしょう。だから、ストレスが溜まるんです。日本の言葉は、自己主張をするようにできていないのです。相手の話を聞くようにできています。

だから、いい聞き方ができると、いい話ができるようになるのですね。聞くとは相手を受け入れることですが、日本語は受け入れるようにできているのです。

こういう会話をしている時も、「そうですね」というでしょう。それは、受け入れているということなのです。

――それが、西欧文明の影響を受けて、「イエス」「ノー」をはっきり言えというような風潮も一時期高まりましたよね。

イエス、ノーをはっきり言うのも、時には大切なことです。私の子供の国語教科書に書いてあったのですが、テーマが「はい」と「いいえ」だったのです。お母さんが、言葉の中で一番難しいのは「はい」と「いいえ」です、と子供に言うのです。それを聞いた子供は、簡単ですよと言って「はい」「いいえ」「はい」「いいえ」を繰り返します。

そこで、お母さんが何かを頼むと、子供は黙って俯いて、「はい」も「いいえ」も言えなかったのですね。

つまり、人から何かを言われた時、きちんと「はい」、「いいえ」という返事ができないと上手くいきませんよ、ということなんですが、これは人格のことを言っているのですね。争うための表現ではないんですよ。

――日本語は美しい言葉ですよね。だいぶん乱れてきているのが心配ですね。

日本語は美しくないと、きちんと相手に伝えられないようにできているのです。たぶん、美しくないと言霊に拒否されるのだと思います。だから、汚い言葉で話している人は、その言葉に合うような人格とか、風貌になっていくのです。

私が子供の頃は、日本語は分かりやすく、美しい言葉だったのですよ。今は、言いたいことをはっきりと伝えるものという傾向になってしまっています。

――美しい言葉を学ぶには、どうすればいいのでしょうか?

学校でなかなか教えられないならば、家庭でお母さんが子供に美しい言葉で話せばいいのです。美しい言葉は、美しい心にもつながります。美しい心はおのずと表に現れてきますから、美しい外見にもなってくると思います。

――今、お母さんがた自体が、美しい言葉を理解していないように思えますね。テレビを見ても、美しい言葉を学ぶ機会はほとんどありません。

テレビは、たくさんの人に伝えるために、美しいというよりも、言いたいことをそのまま言っていますよね。

服装でもそうですね。そんなに無理をしなくてもラフでいいとか、自分の暮らしに合った服装とか言っているでしょう。

でも、人間は時には無理をした方がいいのです。きちんとすべき時は、そのように対応できるようにするということです。

例えば、赤ちゃんが産まれた時は、昔はお母さんは着物を着て、家族のみんながきちんとした格好をしてお宮参りをしていました。

今は、短パンとか、Gパンとか、Tシャツなどでお宮参りをしていますが、赤ちゃんの初参りは大事な儀式、気持ちも改めてあたることだという自覚がないのです。

服装によって気持ちも改まるし、言葉も変わります。

イギリスの航空会社に勤めている人から、日本人に伝えてほしいというメッセージがありました。

昔の日本人は、イギリスに来る時はきちんとした服装をしていたそうですが、今の日本人は、ゴム草履に短パンにTシャツを着てタラップを降りて来る、品が悪いと、顰蹙《ひんしゅく》を買っているそうです。

昔の日本人は、紳士、淑女だったそうです。紳士とか淑女をまずはどこで判断するかといえば、やはり身なりなどが大きなウエイトを占めるでしょう。

それなりの品格を見せていくことが大事なのです。

――服装を整えることで、精神性がアップするということもあるのでしょうか。

絶対、変わります。社会的に活躍している人はおおむね、きちんとした服装をしているでしょう。活躍しているから服装がいいのか、服装がいいから人に信頼感を与えるようになったのかは分かりませんが、人が形を作り、形が人を作ることもあるのでしょう。

特に初めての人と会う時に、Tシャツ短パン、草履で会うのと、きちんとスーツなどを着て会うのとでは、印象がぜんぜん違いますよね。リクルートスーツなども、その意味があるでしょうね。

外国の人は、きちんと礼服を着て礼拝に出かける方が多いですね。日本人は、最近はそうした気配りがなかなかできなくなっています。お宮参りでも、Gパンの人が多いですね。

気楽でいいということなんでしょうが、ではなぜ、お宮参りに行くかですよね。気楽にしていたいのなら、家にいればいいわけです。

場所に合っていない服装をしているのは、自分の都合だけで判断しているからです。外に出たら、「公」という意識がないといけません。自分の好きなことをするのは家ですればいいのですよ。

外に出れば、私事じゃないのです。公の世界で、それなりの対応ができることを人格というのです。自己主張だけをするのは、人格でもなんでもないのです。

社会とか家族を気遣いながら生きていくのは、とても大事だと思いますよ。「私が私が」と言っていたら、精神的にも、社会全体も、すさんできますよね。

その一方で、人に優しくとか思いやりとか、人は見かけより心が大事とか、なかなかしっくりいきませんね。

私は「見かけより心」という人は信用していません。

それなりに気を遣うということは心の働きですから、俺は心が立派だから服装や人のことは気にしないというのはおかしいですよね。

「お金より心」と言うこともあるでしょう。あれも私は好きじゃない。なぜかと言うと、お金と心は比較できないからです。

両方必要です。お金が無いところがいかに悲惨な生活をしているか、想像ができると思います。

だから、莫大なお金ではなくても、生きていくために必要なお金を確保することは大事なことなのです。そうしたことを、文化とか文明というのです。お金が、文化や文明を生み出したとも言えるのですから。

天照大神様が、こういう社会を作ってほしいという御神勅を出されました。

それを形にしたのが、「三種の神器」なのです。鏡と、剣と、勾玉ですが、鏡は「教育」です。自分の心のありようを見て、神に恥じない生き方をしているかどうかを映すのが、鏡なのです。

剣は「統治」です。これは、腕力ではありません。常に研ぎ澄まされた精神で、いざという時は自分が責任をとるというのが剣です。

剣は刀を使うということではなく、言葉を使うのです。剣は舌の形を表し、研ぐというのは自分を清浄にするということです。剣は正義のシンボルなのです。

勾玉は「経済」なんですよ。元々は生み出す力なのです。


――三種の神器は、もともとはこちらにあったのですか？


もともとはここにあったかどうかというのは、過去の南北朝のようなものです。どっちが正統だとかね。

三種の神器は天皇の直系が受け継ぐものですから、それだけが存在するというものではありません。今の皇室は正統ですから、天皇がおいでになったらあったということなのです。

変化して、生まれ変わっていくから、永遠に続くのです。

万世一系というのは、同じものが続くのではなく、変化しながら不変性を維持していくことです。永遠とは、変化と不変の統一なのです。言い換えれば、変化の中の不変が永遠なのです。

肉体は滅びてしまいますから、大事なのは受け継がれた精神性です。肉体は道具に過ぎません。その中にある神としての精神性が、人間らしさということです。

肉体は誰でも持っていますし、人間そのものではないですよね。

人を人たらしめているのは、精神や、心や、魂です。その心をどのように育てるかが人間らしさです。ただ見守るだけでは、人間らしくはなりません。人間らしく生きるということは、人としての生き方を豊かにしていくことなのです。

政治家は、人間らしくと言いながら、経済のことばかり言っているでしょう。人間らしいということの根本は、人格です。

日本人は日本の文化を持った人格なのです。それを受け継いでいくことが、万世一系を支える日本人です。

―― 変化の中でも、日本人の大本の「らしさ」を失ってはいけないということでしょうか。

「らしさ」とは、これがこうだと決まっているというわけではなく、自分で決めるものなのですね。他の人が要求するから、おかしくなるのです。子供を育てる時も、親が女らしくとか、男らしくと意識していればいいのです。他人が「らしさ」がないなどと言うべきではありません。

人に優しくとか、みんな仲良くとか、言葉はいいですよね。でも、仲良くしろと言われて仲良くできるものでもないでしょう。

仲良くとは、自分が相手を受け入れることであり、相手に要求することではないのです。「仲良く」という言葉にはある価値観があって、この価値観をもとにグループが形成されるわけですね。そして、それに合わない人は排斥されてしまいます。

そういう社会を作っているから、学校で「いじめ」が絶えないのです。

きちんと受け入れて、対応することが大事なのです。対応しないでただ受け入れることが、一番だめです。

良くないことは良くないと、きちんと言うことが受け入れることになります。そういう対応ができないのに受け入れてしまうと、ストレスが溜まって最後は喧嘩や戦争になります。

受け入れてしまってから、処理できないことを我慢するためにストレスが溜まるのです。石原慎太郎氏は、きちんと処理するために「イエス」「ノー」をはっきり言えと言ったのですね。それは誤解されて受け止められているようですが。

もともと日本語は、「イエス」「ノー」をはっきり言うようにはできていません。「そうですね」とか「はい」を、「イエス」に置き換えられないでしょう。ニュアンスが違いますよね。「はい」は「イエス」と言っているわけではなく、取りあえず聞いていますよ、という表現も「はい」でしょう。その時の雰囲気や前後の流れで「はい」の意味が変わりますよね。これが日本の文化なのです。

外国の人は「そうですね」や「はい」を、「イエス」だと思ってしまうから誤解されることになります。

それが西欧文明の影響を受けて、「イエス」「ノー」をはっきり言えというようになってきたわけですね。外国人が指摘する日本人の欠点として「曖昧さ」がありますが、これが日本の文化の特徴なのです。

曖昧にすることで相手を気遣ったり、対立を避けるわけですが、これが「和」を保つための日本人の知恵です。でも、そんな気遣いは外国人には理解されないので、今度は外国人の方にストレスが溜まります。

そこで、曖昧な形で受け入れてしまうから、日本にストレスが溜まるのです。だから、繊細な文化もサムライの恥の文化も持っていない外国人に対しては、「イエス」「ノー」をはっきり言いなさい、これが日本人だけでなく相手にとってもいいことなのですよ、ということですね。

若い人たちの言葉が乱れてきたとよく聞きますが、日本文化の伝統はそれなりに受け継がれているようです。

例えば、「苦手」という言葉がありますが「嫌い」という言葉より曖昧で、表現を和らげることによって相手を気遣っているのです。「嫌い」より「好きじゃない」、「下手」より「上手くない」というように、より婉曲《えんきょく》な言葉を選択することで優しい社会を作っています。

語尾を上げる話し方もそうですが、語尾を上げることで、語っているのか、質問をしているのかを曖昧にしているわけです。

日本人は、非常に繊細に気をくばって言葉でのコミュニケーションをとっているのですね。


——日本の精神性というものを、日本から世界に浸透させることができるのでしょうか？


日本人が日本の文化に基づいて、きちんとした行動をすればできます。それができなくなったから、最近は嫌われているのです。

文化とは、よその国に押しつけるものではなく、自分自身が表現するものなのです。神社などでの儀式も、純粋な日本的なものでしょう。日本的にしなかったら、外国の人には意味がないともいえます。

これは、「不変」です。平安時代も、今も、同じ形でしています。私も同じ形をとり、同じ言葉を使います。それでも、常に新しい、今が最先端でしょう。

祭に係わる人は変わっていくでしょうが、変わらないものがあります。一貫して不変なものの象徴として、儀式を残してきました。日本の祭とはそういうものなのです。それは、言葉ではなくて儀式です。

儀式の中には、言葉やメッセージがぎっしりと詰まっています。それを引き出すのは、それぞれの人なのですね。受け取る心には変化があります。その変化もまた、素晴らしいのです。

――祝詞の意味が分からなくても、DNAに伝わっているものがある気がしますね。理解できなくても、ありがたいとか、心が洗われるような気がしてきます。

祝詞の意味は、私の最後の挨拶の中に凝縮されています。祝詞は神様にお礼を申し上げたり、約束をすることです。見守って下さいは「祈願」と言います。

ただし、祝詞は昔からあるのではなく、その年、その年で新しいものを書くのです。

それぞれの宮司の、神様に対する向き合い方です。だから祭の時、祝詞を書くのが一番時間がかかります。何日も考えて、それを言葉にするのです。

神様に申し上げたいことを美しい言葉で書くのですが、基本的には現代の言葉ではありません。昔から伝わっている、神様に一番お話しやすい言葉です。

――近年、中国と日本の関係があまりうまくいっていないと言われていますが、アジアということで近い民族なのにこうなっているのは、天の采配があるのでしょうか？

天の采配は分かりませんが、例えば同じ日本でも九州で生まれた人と東北で生まれた人では違うでしょう。言葉や表現の仕方が違うし、それに、働き方が違います。傾向としては東北の人はよく働くでしょう。九州の男はあまり働かないですね。よく酒を飲むし。

昔から、東北の男性は、冬の朝には早くから起きて雪掻きからしなければならなかったでしょう。出稼ぎも、東北からが多いようですね。

一方九州では、気候が温暖ですから夏でも冬でも食べ物を作れます。少しだけ働いて、飲んだり遊んだりできる環境がありますよね。ですから、時間の使い方が違うのです。

世界のどこでも、自然環境で考え方が違うでしょう。ただし、食べ物を得るのに苦労する所の方が、先に文明が発達する傾向がありますよね。

それに、工夫すれば食べ物を作れる所、工夫しても作れない所、工夫しなくても作れる所があるでしょう。

文明はそういう自然環境の違いで、バラバラに発展してきたと思います。

日本は周りを海に囲まれていますが、ゆるやかな環境ですね。雨は適当に降るし、極端な天気はあまりありません。

台風も来るし、地震もありますが、日本はそうしたことに対応できるように日頃から蓄積していますよね。だから、日本は蓄積する経済が上手なのです。

そういうゆるやかな環境だから、お互いにカリカリしたり、喧嘩しなくて済むともいえます。

近年は、中国や韓国が日本を批判することも多いですが、日本はどこが悪いとかあそこが悪いとかあまり言わないんです。

日本人は、批判されると反省する民族なのですね。だから、これまでの首相も、何度も反省しているのです。

でも、何度も言われると堪忍袋の尾が切れて喧嘩になることもあるでしょうね。まあ、自慢できない過去もあるから、言われることもあるだろうという認識もありますよね。

日本が表立って怒らないのは、余裕があるからです。私たちも、子供に何か言われても、ニコニコして聞いていますよね。金持ち喧嘩せずということにもなるでしょうか。

――日本は世界のひな形とも言われていますから、そうした意識を強く持つと良い波動になり、世界に良い影響を与えるかもしれませんね。

言葉でこうしろと言うのではなく、行動で示すことが大切なのです。
私も昔は、自分一人が変わっても何の影響もないのではと思っていたのですが、何か良いことで意識を強くすると、それが与えるものがけっこう大きいと思うようになってきました。

自分が変わると、まず初めに親が変わるのです。ダメだと思っていた親が素晴らしく思えるようになります。それはそうでしょう。自分か変われば、親に対する見方も変わるわけですからね。

子供の時はたいてい、親はダメだと思うのです。思春期には、親が邪魔のように感じることもあるでしょう。

だいたい十五、六歳ぐらいから成人するまでの年頃には、親をうっとおしく思うものなのです。また、その頃に親一辺倒で、いつまでも親離れができないようなら、それはそれで困ったことになります。

親をうっとおしく感じて反発して、そして成長してから社会に出たら、親の素晴らしさに気付くものです。自分が成長すれば、分かってきます。

親とは一番大事で、一番難しいものなのですね。

だから、親子関係、家族関係がうまくいっている人は、社会に出ても立派になります。家族とうまくいかない人は、社会ともうまくいきません。

人間が最初に出会う社会が家族でしょう。だから、家族は大事なのです。

家族の犠牲になるといいますね。でも家族は互いに譲り合うものなのですから、自分は家族の犠牲にならないというのはずるいといえます。成長して、自分だけ良い目にあおうとしているのでは、公平ではないですからね。

——宮司は、政治にもお詳しいようですね。選挙はいつも、行かれるのですか？

絶対に行きます。選挙は、一回も休んだことがありません。自分の意見を持ち、政治に反映させたいとしたら、まずは選挙で表現する以外にないからです。

同じ意見の人や政党がなければ、自分で立候補すればいいのです。あるいは、同じ意見を持って立候補できる人を探せばいいのです。それが行動をするということです。支持したい人がいないという不平不満を言う人がいますが、そういう人は結局、自分では何もしないのです。

政治家が悪いと言いますが、選んだ自分たちの方が悪いのです。悪くならないと当選しないような仕組みを作ったのは、国民です。

投票率を見れば分かります。知事選挙の投票率は、平均するとだいたい50パーセント前後でしょう。その内の50パーセントで当選するとしたら、全体の25パーセントぐらいでしょう。

25パーセントぐらいなら、利権集団の人員でそれくらいになりますよ。族議員がなぜ当選するかというと、利権集団以外で選挙に行く人が少ないからです。投票率が上がれば、つまり、おおぜいの人が投票するようになれば、癒着した人が当選しなくなります。

30パーセントぐらいしか選挙に行かないとして、三人の候補がいるとしますね。この場合、40パーセントぐらい取れれば当選できるでしょうね。有権者の12パーセントぐらいということです。それぐらいの数なら、組織票で入ります。同じ目的をもった利益集団がいますよね。

だから、県会議員とか市会議員、特に市会議員は地域の利益団体なのです。地域に何かいいもの、だいたいは仕事、つまりはお金を持ってこれそうな人は当選するわけです。それなので、全体のことを考えるというよりも、自分の利益を考える人が当選するのです。

だから、市議会ではエゴとエゴのぶつかり合いになるのです。グローバルな時代と言いながら、まったくグローバルじゃないのが日本の政治です。国会議員でも、地元と密着している政治家は、地元に利益を誘導をするでしょう。

しかし、国家全体から見ても必要な、地域の事柄もあるのです。

地域のことは地域に任せる、それが地方分権です。

地域を独立させようとしている政治家もいるでしょう。でも、地域と国は分けることはできません。

家族も、自然な流れで子供が独立していくのはいいですが、争いながらの独立では、今の社会ように親だけが取り残されてしまいます。

昔は、長男に責任を持たせたのです。長男、次男、関係無い、兄弟みんなで責任を持とうということになったから、うまくいかなくなってきたのですね。

親は歳をとっていくわけですから、誰かが親といっしょに生活しないといけませんね。今は、子供が親と暮らして世話をしようではなく、社会福祉によってなどと言っているでしょう。社会全般が、親子の断絶を招いているといえるかもしれません。


日本では少し前まで、長い歴史の中で、親は亡くなるまで子供と暮らしていたのです。一番上の子供、長子が親といっしょに生活するという、暗黙のルールを作ったのが長男相続ですよね。親と暮らすのに生活が苦しくならないように、長男が財産を相続したのです。今のように分割してしまうと、外に出て行った人の方が豊かになります。法律で、親といっしょに暮らすことが前提になっていないからおかしくなっているのでしょう。

農家などでは、今でも長男がいっしょに暮らしていることが多いようですが、お盆の時などは長男の嫁は大変ですよ。帰ってきた兄弟の食事の面倒をみたり、お土産を持たせたり。だから、他の兄弟は長男に、収入の5パーセントぐらい送金すればいいのです。

――家を継ぐ、継がないというような問題も、昔より多くなっているのでしょうね。なかなか万世一系というように、うまくはいかないのですね。

万世一系の意味が違いますけれどね。日本で使う万世一系は、天皇家のことですから。霊統という意味では、日本民族も万世一系だと思います。万世一系という言葉は、日本語ではニュアンスが伝わりますが、外国の言葉にして分析していくと怪しくなってきます。だから、分析するようなものではないのです。これは、トータルとしての文化なのですね。存在そのものを受け入れるということなのです。まずは受け入れてから考えないと、理解できません。理解するというよりも、感じるものなのですね。

――五感、六感で感じるということですね。子供の頃はいろんなことに敏感だったはずですが、どんどん鈍感になってきているような気がします。

だんだん忘れていくのです。自分の感覚で残すのではなく、言葉、文章で書いて残すようになるのです。書いて残すと、感じる能力をどんどん無くしていきます。書くことや記録する能力に長けていない人は、おうおうにして感性が豊かですよね。書くことによって、分析や検討をするでしょう。すると、そういう能力が高まります。一方、書かない人は、物事を大きく捉えて全体を感覚的に受け入れることができるのです。

成長しながら、いろいろな能力を高めてきたと同時に、必要でなくなったものはなくしていくのですね。

でも最近は、普通なら無くしてしまうようなものを、大人になっても持ち続けている人がいるという話もよく聞きますね。

――一般的には変人と見られがちでも、信念を持ってなにかを続けているような人もいますね。

長い目で見れば、そうした人の周りに、共感する人も集まります。短い目で見ると、周りから理解されないで不幸な人生を送る人もいるでしょう。

歴史を見ると、先駆者と呼ばれている人たちはみな、苦労しているでしょう。それでも、使命感を持って行動する人が神様です。そういう努力してきた人の「お蔭」が、次の時代に花開くのです。それが「お蔭さま」ということです。

みんなが分かってくれないからイヤだという人は、ずるい人なのです。分かってくれないのが当たり前だと思わなければなりません。

理解されなくて、周りから変な目で見られても断固としてやっている人は「変人」扱いされますが、良い意味での変人です。そういう変人が、ものを動かしていくのですね。

全員に気配りしていたら、何も動きません。法律、行政もそうですね。百パーセントの人を百パーセント納得させることはできないので、損害を受けた人に保証をするわけです。

すべての人が幸せになるというのは、非常に難しいことでしょう。その前提で実験をしたのが、ソ連の「共産主義」でした。しかし、それがどんなに残酷な結果になったか、周知のことでしょう。

戦いがない時代もありませんでした。家族でも親子喧嘩や夫婦喧嘩をするし、それに、夫婦であるが故に悩みを抱え、自殺したりとか、不幸になる人もいるようです。また、最近では親殺し、子殺しも非常に増えています。

でもみんな、幸せになろうと努力しているのです。

私は、「家族を大切に」というのも怪しい言葉だと思っています。おじいちゃんやおばあちゃん、家族のみんなと良い関係であれば、そんな言葉を使う必要さえないはずです。良い関係がないことを前提に、そんな言葉を使っています。本当は大事な言葉ですが、使い方が間違っています。

また、全体を良くすると言って、個人を苛《いじ》めていることがよくあります。だから全体に期待するのではなく、一人ひとりが能力を発揮して、生き生きと暮らせる社会を作ることが大事です。

でも、自分は一人だと思うのは危険です。人間は、家族としてまずは集団に参加しています。個人として生まれてくる人なんて、誰もいませんね。生まれながらに一個の独立した人間であるという理屈もありますが、個人として生きているのではありません。親子、家族として、生まれつき存在しているのです。

個人を尊重するという言葉は、世の中にはうまく当てはまりません。親からすれば、子供がのびのびと能力を発揮して育っていくことを願っていますね。しかし人間は、個人として育つわけではないでしょう。

のびのびした子供が最近少なくなってきていますが、それは、枠の中に押し込めようとするからです。みんなに優しくとか、みんな仲良くとか、みんなで頑張ろうとか、こういう言葉もよくないのです。

頑張る時は、みんなで頑張るから、自分も頑張るというわけではないでしょう。他の人が頑張らなければ、自分は頑張らなくてもいいのかということになってしまいます。「みんな仲良く」はいいとしても、「みんな仲良くしましょう」はよくありません。「しましょう」になると、一つの方向性を押しつけるようなことになるからです。

集団で仲良くするのは難しいですね。十人集まったら、十人全員が仲良くすることはできないでしょう。それが普通の社会です。

「みんな仲良くしましょう」というのは、みんなが仲良くできることが前提になっているわけですが、その前提が間違っていますね。だから、喧嘩した時に対応がうまくいかないのです。逆に、仲良くできないということを前提にすべきです。そうすれば喧嘩した時の原因を明確にして、善後策を施すこともできるでしょう。
ただし、仲良くできなくても、「仲良くしよう」などと干渉し合わないで生きていくことはできます。仲良くできないのなら、せめて干渉はするなということです。

また、それぞれがより良くなろうと努力していることを、お互いに「祝福」しながら生きていくのが良いですね。

ただ、「神の祝福」とよく言いますが、人間から神へは「感謝」するものです。神から何かを与えられることを期待するのではなく、既に与えられているものに対して悦びを込めて「感謝」するのですね。

人からいただいたり、これから与えられたりするものではなく、すでに自らが持っているものを出して世の中と融合していくのです。

それが、陰陽和合の根本原理です。

そういう働きを神様からいただいていることを理解し、神様には常に感謝の気持ちでいるのがいいでしょう。

――因縁やカルマを解消するにはどうしたらよいでしょうか？

誰かに解決してほしい、と思わないことが一番です。自分の問題だからです。誰かに頼る、依存することなく自分で解決しようという心がけが大事です。

また、解決する過程で、人に分かってもらおうと思わないことです。分かって欲しいというのは、価値観の押しつけである場合が多いのですね。そうすると、因縁は解けなくなってしまいます。自分の問題ですから、ご自身に問うて、できる限りのことをしてみましょう。たいていの場合、昔からの繋がりとか、周りの人やご先祖、社会などのせいにしがちですが、今が過去や未来を繋いでいるわけですから、今、ここにいる自分の問題として捉えましょう。

――望ましい先祖供養のしかたとは、どのようでしょう？

まず、自分自身がご両親に安心してもらえる生き方をすることです。先祖の一番近いところは両親です。先祖供養というのは、自分が親になった時に子供になってほしいような人格を作ることにもあります。そうして、自分の代、子供の代が立派になっていけば、自然と先祖に対する思いや意識、対応も変わってきます。自分が荒《すさ》んでいると、先祖もなにもあったものじゃない、という気持ちになるでしょうから、常日頃から自分自身を誇れるような生き方を心がけてください。

――一説には、神道とは惟神《かんながら》の道であるそうですが、かんながらとはなんでしょうか？

生まれた時から神様のご神体として人は生まれてきます。親は子どもを神様に近づくように、きれいな言葉を覚えさせ、美しい心に育て上げることが、その道になります。神様ならこうするだろう、こう言うだろうという意識で、良い生き方をするのです。

また、神様が期待されるような行動をとることも大事です。

そうしたことが、惟神の道です。神様にお祈りすることではありません。自分自身の生き方そのものを、神様のようにする努力をすることです。鏡のように神様と同化して、自分自身で神様をそこに見られるようにいたしましょう。

青年地球《せいねんちきゅう》誕生《たんじょう》

――いま蘇《よみがえ》る幣立神宮《へいたてじんぐう》――

第二集《だいにしゅう》

春木伸哉《はるきしんや》

明窓出版

平成二十四年二月二十日初刷発行

発行者 ―― 増本 利博

発行所 ―― 明窓出版株式会社

〒一六四―〇〇一二

東京都中野区本町六―二七―一三

電話 （〇三）三三八〇―八三〇三

FAX （〇三）三三八〇―六四二四

振替 〇〇一六〇―一―一九二七六六

印刷所 ―― シナノ印刷株式会社

落丁・乱丁はお取り替えいたします。

定価はカバーに表示してあります。

ISBN978-4-89634-295-6

http://meisou.com

◎　カバーデザイン　藤井デザインスタジオ
◎　写真　松本英明

＊本書掲載写真を額装でお譲りいたします。
詳しくは、メール、お電話などでお問い合わせください。
mail address: meisou-1@meisou.com
電話：03-3380-8303　FAX：03-3380-6424

「地球維新 vol. 3 ナチュラル・アセンション」

白峰由鵬／中山太ｿ　共著

「地球大改革と世界の盟主」の著者、別名「謎の風水師Ｎ氏」白峰氏と、「麻ことのはなし」著者中山氏による、地球の次元上昇について。2012年、地球はどうなるのか。またそれまでに、私たちができることはなにか。

第１章　中今《なかいま》と大麻とアセンション（白峰由鵬）

２０１２年、アセンション（次元上昇）の刻《とき》迫る。文明的に行き詰まったプレアデスを救い、宇宙全体を救うためにも、水の惑星地球に住むわれわれは、大進化を遂げる役割を担う。そのために、日本伝統の大麻の文化を取り戻し、中今を大切に生きる……。

第２章　大麻と縄文意識（中山太ｿ）

伊勢神宮で「大麻」といえばお守りのことを指すほど、日本の伝統文化と密接に結びついている麻。邪気を祓い、魔を退ける麻の力は、弓弦に使われたり結納に用いられたりして人々の心を慰めてきた。核爆発で汚染された環境を清め、重力を軽くする大麻の不思議について、第一人者中山氏が語る。

（他２章）

定価1360円

神の戸開き

佐藤洋行

「世界を変える本」「無限意識」を手にした人が異口同音に「とんでもない本でした」と感想を寄せました。今は佐藤氏の講演は開くたびに満席になります。そしてこの三度目の衝撃。
世界が変わる前にあなたが変わる本です。

第１章　それは２０１０年11月から始まった／第２章　２０１１年２月に選択が終了した／第３章　２０１１年３月／第４章　決　意／第５章　剣山でのでき事／第６章　久万高原／第７章　神戸でのでき事／第８章　かごめ唄／第９章　七福神とパラレルワールド／第10章　再び剣山へ／第11章　建勲神社から鞍馬のウエサク祭へ／第12章　神とのパイプ／第13章　天日津久神社と青龍回り／第14章　乗鞍高原セミナー／第15章　皆神山／第16章　位山での天岩戸開き／第17章　岐阜の戸隠神社／第18章　　御嶽山の封印解き／第19章　白山登山／第20章　かっぱのミーちゃん／第21章　富士山前夜／第22章　六甲山周辺の神社・お寺巡り／第23章　富士山初日／第24章　富士山２日目／第25章　木之花佐久夜姫／第26章　なぜ〝太〟なのか？／第27章　太祝詞《ふとのりと》／第28章　日蓮の本音／第29章　岩船山／第30章　西脇市の「日本のへそ」と椋《むくのき》白龍神社／第31章　天狗高原／第32章　今後の動き

定価1500円

卑弥呼の孫トヨはアマテラスだった
～禁断の秘史ついに開く～　伴　とし子

昨今「正史は欺瞞だらけだ」と言う人はいっぱいいる。しかしその根拠はというと……？？この本はそれに見事に答えている。あなたは「国宝」というものの重さをどれほど分かっているだろうか。重要文化財などは、１３人ほどの審査委員のおおよそ３分の１のメンバーが挙手をすれば「重文指定」となる。

ところがだ。国宝となるとそうはいかない。審査委員すべてが挙手をしなければ「国宝指定」とならない。それのみにとどまらず、２度と「国宝審査」の土俵に上がることすらできないのだ。専門家のすべてが「本物である」と認めたもの、つまり籠神社に代々伝わる系図を読み込み、寝食を忘れるほどに打ち込んで書き上げたのが本書なのだ。

何千年のマインドコントロールから目覚める時期がやっと来た！　と言っても過言ではない。

全国の『風土記』はどこに消えたのか／国宝『海部氏系図』～皇室とは祖神において兄弟／極秘をもって永世相伝せよ／日本と名付けたニギハヤヒ／天孫降臨と選ばれた皇位継承者／ヤマトに入った倭宿祢命／香具山の土はなぜ霊力があるのか／蚕の社に元糺の池／垂仁天皇と狭穂彦狭穂姫兄妹の恋物語／アマテラスは男神か／アマテル神とは火明命か／なぜ伊勢にアマテラスは祀られたのか／伊勢神宮の外宮先祭をとく鍵は丹後

定価1680円

「大きな森のおばあちゃん」　天外伺朗

絵・柴崎るり子

象は死んでからも森を育てる。
生き物の命は、動物も植物も全部が
ぐるぐる回っている。
実話をもとにかかれた童話です。

定価1050円

「地球交響曲ガイアシンフォニー」
龍村　仁監督 推薦

このお話は、象の神秘を童話という形で表したお話です。私達人類の知性は、自然の成り立ちを科学的に理解して、自分達が生きやすいように変えてゆこうとする知性です。これに対して象や鯨の「知性」は自然界の動きを私達より、はるかに繊細にきめ細かく理解して、それに合せて生きようとする、いわば受身の「知性」です。知性に依って自然界を、自分達だけに都合のよいように変えて来た私達は今、地球の大きな生命を傷つけています。今こそ象や鯨達の「知性」から学ぶことがたくさんあるような気がするのです。

「花子！アフリカに帰っておいで」

「大きな森のおばあちゃん」続編　天外伺朗　絵・柴崎るり子

山元加津子さん推薦

今、天外さんが書かれた新しい本、「花子！アフリカに帰っておいで」を読ませて頂いて、感激をあらたにしています。私たち人間みんなが、宇宙の中にあるこんなにも美しい地球の中に、動物たちと一緒に生きていて、たくさんの愛にいだかれて生きているのだと実感できたからです。　定価1050円